DIE REIHE
Archivbilder

ALZEYER
HAUSGESCHICHTE(N)

DIE REIHE
Archivbilder

ALZEYER HAUSGESCHICHTE(N)

Eva Heller-Karneth und Ludwig Lessel

SUTTON VERLAG

Sutton Verlag GmbH
Hochheimer Straße 59
99094 Erfurt
www.suttonverlag.de

Copyright © Sutton Verlag, 1999
ISBN: 978-3-89702-169-3
Druck: Books on Demand GmbH, Norderstedt, Deutschland

INHALTSVERZEICHNIS

Einleitung		7
Route 1:	Vom Wartberg zum Roßmarkt	13
Route 2:	Vom Roßmarkt zur Töngesmühle und zurück	29
Route 3:	Vom Roßmarkt zur Poppenschänke und zurück	47
Route 4:	Vom Roßmarkt zum Krankenhaus und zurück	73
Route 5:	Vom Roßmarkt zum Lehrerseminar und zurück	101
Erläuterungen zum Alzeyer Stadtplan		125
Stadtplan von 1894		126
Leihgeber		128

EINLEITUNG

Mit der vorliegenden Publikation erscheint in der Reihe „Archivbilder" des Sutton Verlags bereits ein zweiter Fotobildband über Alzey. Dies bedeutet nun keineswegs, daß sich Alzey im Gegensatz zu anderen Städten als besonders präsentabel darstellt oder daß hier eine außergewöhnlich große Anzahl von Bildern archiviert und überliefert wurde. Gleichwohl rechtfertigt die von den jeweiligen Autoren gewählte unterschiedliche Konzeption die Veröffentlichung zweier Bildbände. Standen im ersten Bildband über Alzey weniger architekturgeschichtliche Besonderheiten als vielmehr die Menschen im Vordergrund, liegt der Schwerpunkt dieses Bandes auf den Häusern und ihrer bzw. ihren Geschichte(n). Hinzu kommt die Absicht, weniger bekannte oder sogar bislang unbekannte Ansichten und Motive Alzeys zugänglich zu machen.

Unter dem Aspekt der Hausgeschichte wird der Versuch unternommen, bauhistorische Epochen und Entwicklungen vor Ort zu verfolgen und damit einhergehenden Veränderungen im Stadtbild nachzuspüren. Dazu sollen die Häuser jeweils auf ihre Erbauungszeit hin befragt und die für ihre Bauzeit charakteristischen Stilmerkmale benannt werden. Die auf den Fotografien festgehaltenen Häuser stammen – sieht man von der Burg und dem Wartbergturm ab – im Kern zum Teil noch aus dem 15. Jahrhundert und decken mit den im 20. Jahrhundert entstandenen Gebäuden einen Zeitraum von gut fünf Jahrhunderten ab.

Da insbesondere duch die beiden Kriege des 17. Jahrhunderts – den Dreißigjährigen und den Pfälzer Erbfolgekrieg – zahlreiche Häuser und Gebäude beträchtliche Schäden erlitten hatten oder gar bis auf die Grundmauern zerstört wurden, entstanden sie im Laufe des 18. Jahrhunderts wieder von neuem. Ebenso wie die zeitgleich erstellen Neubauten wurden auch sie mit Elementen des nun aktuellen barocken Baustils ausgestattet. Dadurch setzten sie sich von den unzerstörten und den wenigen nach 1689 in hergebrachter Manier wiedererrichteten Schmuckfachwerkhäusern ab und verliehen dem bis dahin noch vornehmlich mittelalterlich geprägten Stadtbild barocke Züge. Als Kennzeichen barocken Bauens gilt in Abweichung von der mittelalterlich giebelseitigen Stellung die nunmehr trauf, d.h. breitseitige Ausrichtung der Häuser zur Straße hin. Im Kontrast zum bis dahin dominierenden Fachwerkbau wurden die seit der Renaissance zunehmend in Mode gekommenen repräsentativeren Stein- bzw. Putzbauten bevorzugt. Weil die Erstellung eines massiven Steinhauses jedoch ungleich teurer war als die eines Fachwerkhauses, behielt man die erprobte Bauweise in der Regel jedoch bei und versuchte den aufwendigeren und kostspieligeren Steinbau zumindst zu imitieren, indem man dem Haus einen Verputz anlegte. Die Fenster- und Türöffnungen sowie die Toreinfahrten der Häuser wurden darüber hinaus gerne mit mehr oder weniger aufwendig gestalteten Gewänden ausgeschmückt. Außerdem hielt das Mansarddach seinen Einzug. Und nicht zuletzt wurde die Tendenz zur Betonung der vertikalen und horizontalen Achsen durch eine symmetrische Anordnung der Fenster für barocke Häuser stilprägend. Auch diese stand im Gegensatz zur Fassadengestaltung und Gliederung spätmittelalterlicher Häuser, die im allgemeinen durch die Funktion der Innenräume vorgegeben war. Beispiele dafür sind das Haus „Zum Raben" am Roßmarkt mit seinen durch das Zierfachwerk hervorgehobenen asymmetrisch angeordneten Fensterbrüstungen im ersten und zweiten Obergeschoß oder der durch die beiden Dreichfachfenster betonte Ratssaal im ersten Obergeschoß des Stadthauses.

Häuser, die einen solchen kunsthistorischen Idealtypus verkörpern – wie z.B. das Haus Dietz in der Hellgasse – trifft man in Alzey allerdings nur vereinzelt an. Sei es, daß schon bei der Erbauung – aus welchen Gründen auch immer – auf einzelne Merkmale verzichtet wurde; vor allem aber, weil sie im Laufe der Zeit bauliche Veränderungen erfahren haben. Infolge wiederholter Kriegszerstörungen waren diese aufgezwungen und geschahen eher unfreiwillig. Sie wurden zu bestimmten Zeiten aber auch bewußt vorgenommen. Eine solche Zeit reger Bautätigkeit waren die Jahrzehnte zwischen dem Deutsch-Französischen Krieg von 1870/71 und dem Beginn des Ersten Weltkriegs, einer Zeit, die durch eine insgesamt positive wirtschaftliche Entwicklung gekennzeichnet war. Diese führte auch in Alzey zum Ausbau und zur Erweiterung bestehender Häuser im alten Innenstadtbereich einerseits (so z.B. auf der Westseite der Antoniterstraße), mehr noch aber zum Neubau zahlreicher Häuser in nun erst erschlossenen „Neubaugebieten" außerhalb der Stadtmauer andererseits.

Die in den Zwischenkriegsjahrzehnten einsetzende Expansion der Stadt über die Jahrhunderte hinweg sie umgebende und begrenzende Stadtmauer hinaus war die Folge der großen Bevölkerungszunahme Alzeys, welche die Stadt von rund 3.000 Einwohnern zu Beginn auf rund 6.000 Einwohner zum Ende des 19. Jahrhunderts anwachsen ließ. Die sich wie ein erster Gürtel unmittelbar an die nunmehrige Altstadt anschließenden Neubaugebiete bzw. Straßen der letzten Jahrhundertwende sind noch heute an den mit den Stilmerkmalen der Neogotik, der Neorenaissance und des Neobarock gekennzeichneten historischen Häusern sowie durch die Verwendung industriell gefertigter Baumaterialien wie z.B. Ziegel- bzw. Klinkersteine und gußeiserner Bauteile zu erkennen. Im einzelnen betrifft dies im Osten der Stadt die Schloß- und Volkerstraße sowie den Schillerplatz, im Süden die Kaiser-, Bleich-, Ernst-Ludwig-, Wartberg- und Donnersbergstraße, im Westen die Weinheimer Landstraße, im Norden die Bahnhof-, die Kreuznacher-, die Weinruf- und die obere Antoniterstraße. In Größe und Ausstattung variierten die nun bevorzugt in Ziegel- bzw. Klinker- oder Natursteinen ausgeführten, häufig verschiedene Steinarten und Elemente der oben genannten Stilarten kombinierenden, bisweilen auch Fachwerkpartien aufweisenden Häuser jener Straßen erheblich. Sie zeigen noch heute einen Querschnitt der großbürgerlichen, imposanten und wuchtigen Villenarchitektur in großzügigen Gartenanlagen (z.B. die „Villa Hasselbach" in der „Kreuznacher Chaussee") bis zur Imitation des Großen im Kleinen (einstöckig mit Zwerchgiebeln, z.B. in der Weinheimer Landstraße). Aber auch Doppelhäuser säumten die Straßen (Ruprechtstraße, Weinheimer Landstraße, Raugrafenstraße) und zwei-/dreigeschossige Mehrfamilienhäuser mit Mietwohnungen wie beispielsweise in der Weinrufstraße reihten sich nun aneinander.

Eine zweite Phase bewußter Veränderung der Bausubstanz und des Alzeyer Stadtbildes datiert in die ersten Jahrzehnte nach dem Zweiten Weltkrieg. Allerdings waren es in Alzey weniger Kriegsfolgen – nur sieben der mehr als 200 kriegszerstörten bzw. -beschädigten Häuser waren Baudenkmäler –, als vielmehr zahlreiche und tiefgreifende Veränderungen in den ausgehenden 1950er, den 1960er und 1970er Jahren, die sich in der Summe auf das Stadtbild auswirkten. Getragen von dem Gedanken einer modernen bzw. zu modernisierenden Stadt fiel nun erst eine Reihe historischer Gebäude, die den Krieg unbeschadet überstanden hatten, dem Ziel einer verkehrsfreundlichen Kreisstadt mit gut ausgebauten Innenstadtstraßen zum Opfer. Jahrhundertealte Gebäude an kniffligen Straßenecken wie das einst älteste Fachwerkhaus Alzeys, das Haus Heimerle, mußten einer Straßenverbreiterung ebenso weichen wie die Erdgeschosse einzelner Geschäftshäuser in der St. Georgenstraße, die seit den Endfünfzigern mit Arkadengängen für Fußgänger aufwarten. Moderne Geschäftshäuser auf der „Insel" am Roßmarkt oder in der Spießgasse verdrängten die mittlerweile als nicht mehr zeitgemäß empfundenen Fachwerkhäuser des 17. Jahrhunderts oder die Barockarchitektur des 18. Jahrhunderts.

Die Vorgängerbauten der heutigen Innenstadthäuser im Hinblick auf ihre bauhistorischen Merkmale und Veränderungen unter dem Stichwort „Hausgeschichte" vorzustellen, ist eine Absicht dieses Fotobildbandes. Kürzer als der erste ist der zweite Leitbegriff zu erläutern, der von folgenden Überlegungen ausgeht: Eine Stadt erhält ihr Gepräge nicht allein durch ihre Häuser und Gebäude, sondern vielmehr erst durch ihre Funktionen, vor allem aber durch die Menschen, die in den Häusern wohnten und arbeiteten. Sie füllten die Häuser mit Leben und gaben ihnen ihre jeweils eigene Geschichte. Diese in Erinnerung zu rufen, präsent zu machen und zu halten, intendiert der Begriff der „Hausgeschichten". Mit ihm soll in die Häuser vor- und soweit möglich eingedrungen werden. Familien- und Hausnamen bieten dabei ebenso Anknüpfungspunkte wie ihre Nutzung als Geschäfts-, Wohn- oder Wirtshaus, als Fabrik, Mühle oder öffentliches Gebäude. Beiden Sichtweisen – derjenigen der Hausgeschichte ebenso wie derjenigen der Hausgeschichten – sollen die Begleittexte zu den Fotografien gleichermaßen verpflichtet sein. Dennoch kann und wird es nicht möglich sein, in jeder Bildunterschrift jede Seite völlig ausgewogen zu bedenken. Verantwortlich dafür sind die sehr unterschiedlichen, ja geradezu individuellen Informationsgehalte der einzelnen Objekte. Dies betrifft sowohl die Aussagekraft der Gebäude selbst als auch den Umfang der zu den Häusern vorhandenen Quellen. Nicht zuletzt beschränkt mitunter der zur Verfügung stehende Platz für Erläuterungen die Menge an Informationen.

Die Fotografien sind so zusammengestellt, daß die Stadt, bei Bedarf unter Zuhilfenahme des auf den Seiten 126/127 angefügten historischen Stadtplans von 1894, in fünf Rundgängen erkundet werden kann. Bedingt durch die Herkunft der Aufnahmen liegt der zeitliche Schwerpunkt unserer fiktiven Alzeyer Stadtrundgänge in den Jahren zwischen 1890 und dem Zweiten Weltkrieg. Mit Hilfe der Fotografien können wir uns in das Alzey unserer Urgroß- und Großeltern begeben und der Stadt die eine oder andere Seite abgewinnen, die sie heute baulich mitunter zwar nicht mehr besitzt, die in Erzählungen, Geschichten und Anekdoten – zumindest der älteren Alzeyern und Alzeyerinnen – aber noch immer fortlebt. Die Möglichkeit, uns über mündliche Überlieferungen hinausgehend ein Bild von der Vergangenheit machen zu können, verdanken wir zahlreichen Fotografen, die ihre Kamera zur Hand nahmen und den Augenblick für die Zukunft festhielten. An erster Stelle sind hier natürlich die professionellen Fotografen zu nennen, die in Alzey seit den 1890er Jahren bekannt sind. Im einzelnen sind dies Jakob Beckmann, Robert Does und Karl Zollitsch mit ihren Ateliers und ihren jeweiligen Mitarbeiterinnen und Mitarbeitern. Aber auch unzählige Amateurfotografen, die seit dem Aufkommen leichterer und handlicherer Fotoapparate vermehrt loszogen und Aufnahmen machten, sind hier zu erwähnen. Sie gewähren uns heute interessante Blicke auf und in die Stadt und lieferten Ansichten, die der professionelle Fotograf nie aufgenommen hätte, weil damit „kein Staat zu machen" bzw. kein Geld zu verdienen war. Beides aber, das Vorzeigenswerte und Repräsentative ebenso wie das Unscheinbare und damit leicht zu Übersehende, machen eine Stadt erst aus, machen sie zu einem Ganzen. Dafür, daß wir heute einen Eindruck vom gestrigen und vorgestrigen Alzey gewinnen können, haben wir nicht nur den Fotografen zu danken, sondern insbesondere auch den Eigentümern zahlreicher Fotografien, die uns ihre Schätze für das Buch freundlicherweise zur Verfügung stellten.

Allen denen, die dieses Buch zur Hand nehmen, wünschen wir, gleich ob sie die Streifzüge durch die Stadt vor dem geistigen Auge passieren lassen oder die Routen tatsächlich ablaufen, ob sie das Augenmerk mehr auf die Vergangenheit richten oder eher den Vergleich des Heute mit dem Gestern vornehmen, viel Freude an den Bildern und Spaß auch daran, längst schon Vergessenes wieder in Erinnerung zu rufen oder bisher Unbekanntes aus der Geschichte Alzeys neu zu entdecken.

Eva Heller-Karneth und Ludwig Lessel
Alzey, im August 1999

Blick auf Alzey von Südwesten um 1900. Markant treten die drei Kirchen hervor: im Bildzentrum die Nikolaikirche, deren Turm noch die welsche Haube trägt, rechts daneben der quadratische Turm der katholischen Kirche sowie im Nordosten am rechten Bildrand die „Kleine Kirche". Noch unbebaut ist im Nordosten der Stadt das Gebiet bis zum neuen Friedhof an der heutigen Berliner Straße, dessen Friedhofshalle – von Kreisbaumeister Rhumbler 1867 erbaut – rechts

neben dem Turm der katholischen Kirche zu erkennen ist. Der hohe Schlot am Horizont, links der Nikolaikirche, gehörte zur Brauerei Kleinknecht am Bahnberg. Rechts dahinter sieht man die Gebäude des neuen Bahnhofs. Den Vordergrund dominieren die zwischen Stadtrand und Bahndamm gelegenen Gärten, die einen fließenden Übergang von der bebauten Stadt ins offene Feld schufen.

Zahlreiche Zuschauer jubelten am 17. September 1929 dem Luftschiff „Graf Zeppelin" über dem Wartbergturm zu. Die bereits im 12./13. Jahrhundert über der Stadt errichtete Warte war ein Signalturm, der archivalisch erst im 15. Jahrhundert indirekt durch Flurnamenbezeichnungen greifbar ist. Der im Dreißigjährigen Krieg oder danach beschädigte Turm wurde 1668 wieder aufgebaut. Eine dem „Wilhelminischen Stil" verpflichtete Renovierung in der Mitte des 19. Jahrhunderts gab dem Wartbergturm seinen bis in das folgende Jahrhundert hinein prägenden Zinnenkranz. In den 1890er Jahren zusätzlich um eine Aussichtsterrasse erweitert, wurde der noch am 8. Januar 1945 durch Bomben zerstörte Turm zum vermeindlichen „Retter der Stadt". Erst 1960 wieder errichtet, stürzte der Turm bereits zehn Jahre später erneut ein. Durch eine vom ACV getragene Spendenaktion wurde er 1989 wieder aufgebaut.

Route 1

VOM WARTBERG ZUM ROSSMARKT

Wartberg – Kaiserstraße – St. Georgenstraße – Roßmarkt

Von Südwesten her, über den Wartberg, nähern wir uns der Stadt auf der Kaiserstraße, die ihren Namen Napoleon I. verdankt. Sie war Teilstück der einst strategisch wichtigen Heerstraße von Paris nach Mainz und weiter nach Osten. Die St. Georgenstraße, an deren südlichem Ende nach Niederlegung des St. Georgentores Anfang des 19. Jahrhunderts repräsentative Wohnhäuser entstanden, war immer schon eine der bedeutenden Zugangsstraßen zum Roßmarkt.

Am Wartberg oberhalb des Stadions standen auf der gegenüberliegenden Straßenseite bis zum Ende des Zweiten Weltkriegs die 1938 errichteten Wohnbaracken des Reichsarbeitsdienstes (RAD). Eine der Baracken wurde 1945 auf dem Bahnhofsvorplatz als Ersatz für das zerstörte Bahnhofsgebäude aufgestellt.

Vom Turm der Katholischen Kirche aus entstand um 1900 dieses Bild von der Einmündung der Frankenthaler Straße (heute Wormser Straße) in die Pariser Straße (heute Kaiserstraße). Zu dieser Zeit wurde der Blick auf die ersten Häuser in der Ernst-Ludwig-Straße und der Wartbergstraße noch nicht durch den Neubau des Realgymnasiums versperrt.

Von 1862 an war Wendel Arnold, hier mit langer Pfeife vor der Tür seines Anwesens, viele Jahre Wirt im „Pfälzer Hof". Im Garten hatte Philipp Does sein „Photographenhäuschen". An der „Langen Mauer", die das Grundstück nach Süden begrenzt, folgte den „Kammer-Lichtspielen" das „Apollo-Filmtheater" und diesem der „Billard-Palast".

Das repräsentative Eckhaus Kaiserstraße/Bleichstraße wurde um 1870 von dem damals als „Kreisbaumeister-Vicar" tätigen Paul Wallot (1841-1912), später Architekt des Reichstagsgebäudes in Berlin, für den Kaufmann August Römer entworfen. Das Haus des Bauunternehmers Georg Mayer (Kaiserstraße 1, links im Bild) war später im Besitz seiner Tochter Luise, die Dr. Adolph Seubert (1871-1883 Bürgermeister von Alzey) heiratete.

Als sich die Stadt Anfang des 19. Jahrhunderts nach der Niederlegung der Stadttore auszudehnen begann, entstanden südlich des St. Georgentors großzügige Neubauten. Das Eckhaus St. Georgenstraße/Schießgraben wurde um 1820/30 von dem Kaufmann August Römer gebaut. Anfang des 20. Jahrhunderts eröffnete Friedrich Schwarz im Erdgeschoß eine Gaststätte. Seine Blütezeit erlebte das „Zum Mainzer Rad" genannte Lokal nach dem Ersten Weltkrieg mit dem Wirt Peter Dörrhöfer, einem Alzeyer Original.

Stammtischgäste beim abendlichen Bier im „Mainzer Rad".

Neben dem Fahrradhändler Georg Feldmann in dem Eckhaus Bleichstraße/St. Georgenstraße (heute Bäckerei Dyrauf) wohnte um 1910/20 der Schuhmacher Karl Schottler. Es folgten die Metzgerei Konrad Arnold, der Spezereihändler Konrad Friedrich Arnold und der Weinhändler Heinrich Dörrer. Auf der rechten Seite sehen wir die „Restauration zum Vater Jahn" (später „Zum Mainzer Rad") von Peter Dörrhöfer, das Porzellanwarengeschäft Anton Anthes, die Tabakfabrikation E. Marschall und das Weiffenbachsche Wohnhaus.

Zu den Alzeyer Geschäften mit langer Familientradition ist die Töpferei Anton Anthes in der St. Georgenstraße zu rechnen. 1803 kam der Oppenheimer Stephan Anthes durch Heirat nach Alzey und betrieb in der St. Georgenstraße eine Töpferei. Sein Enkel Anton erweiterte diese 1865 zu einer „Kunst-Töpferei" und „Ofen-Fabrik", in der er Kachelöfen nach historischen Vorbildern herstellte. Kacheln von ihm befinden sich im Alzeyer Museum.

Zähllisten der Departements-Verwaltung zur Einwohnererfassung und Steuerfeststellung begannen um 1800 mit dem Haus St. Georgenstraße 35 als „Nr. 1 am Georgenthor". Dem Bäcker Philipp Fröder, hier am Fenster im 1. Stock, folgten Anton Frietsch und später dessen Sohn. Heute ist in dem Haus ein Friseursalon.

Ein Blick in die St. Georgenstraße, aufgenommen, ehe neugebaute Ladenfronten und -passagen das Straßenbild gravierend veränderten.

Die Häuser auf der Südseite der Käfiggasse grenzten direkt an die Stadtmauer. Im Gebiet der heutigen Kreissparkasse stand das Gasthaus „Zur goldenen Kette", dessen Räume der Gastwirt und Essigsieder Jakob Erckmann bereits 1846 mit in eigener Fabrik erzeugtem Gaslicht beleuchten ließ. Der zeitweilig als Gefängnis dienende, zur Stadtbefestigung gehörende Käfigturm gab der Straße den Namen.

Unterhalb der ehemaligen „Drei Könige" wird die Häuserzeile der St. Georgenstraße durch einen Straßeneinschnitt unterbrochen, in dem dieses malerische Haus mit Bruchstein Erdgeschoß und verputztem (heute freigelegtem) Fachwerk-Obergeschoß steht. Die Toreinfahrt links führte zum „Volker-Kino", rechts schloß sich ein Bauernhof an.

Besitzer dieses dreigeschossigen Schmuckfachwerkhauses mit massivem Erdgeschoß war im 18. Jahrhundert der wohlhabende Kaufmann Isaak Simon. Der Nachfahre einer seit dem ausgehenden 17. Jahrhundert in Alzey ansässigen jüdischen Familie, zählte damals zusammen mit seinem Bruder Elias Simon zu den vermögendsten Juden der Stadt. 1813 wurde in diesem Haus August Belmont, ein Urenkel Isaak Simons, geboren, der nach einer Ausbildung im Bankhaus Rothschild nach Amerika auswanderte, in New York eine eigene Bank gründete und dort zu einem der reichsten Männer avancierte. Das winkelförmig angelegte Wohnhaus mit einer Torduchfahrt war ursprünglich als Sichtfachwerk konzipiert, das erst zu einem späteren Zeitpunkt verputzt wurde.

Die im Kern aus dem frühen 18. Jahrhundert stammenden, eng aneinander gebauten und damals vorwiegend von Handwerkern bewohnten Häuser der Kirchgasse gewähren einen stimmungsvollen Blick auf den Chor der Nikolaikirche.

Schon um 1880 betrieben die Gebrüder Spitzhoff eine Messerschmiede im Eckhaus Kirchgasse/St. Georgenstraße. Später war Fritz Dörrhöfer als Messerschmied in dem Gebäude tätig, das im Erdgeschoß noch eine der wenigen alten Ladenfronten hat. Heute befindet sich dort die Tee-Ecke Loechelt.

Für den Fotografen hat sich die Belegschaft des Elekro-Fachgeschäftes Adolf Gasser in der St. Georgenstraße versammelt.

Das Haus St. Georgenstraße 9 wurde bereits 1552 als Herberge „Zum grünen Baum" erwähnt. 1867 wurde der Buchhändler Heinrich Jakob Blaß Eigentümer des Gebäudes. Die Firma Wilhelm Blaß bestand bis Anfang 1999.

1757 vom Obermarkt in das Haus St. Georgestraße 1 verlegt, residierte die Engel-Apotheke dort bis 1821. Dann zog der Apotheker Johann Philipp Conradi in das langjährige Domizil Roßmarkt 4 um. Das von F.J. Thomas danach in dem Haus geführte Kolonial- und Kurzwarengeschäft übernahm um 1885 Johann Schmitz. Heute ist in dem Haus das TUI-Reise-Center untergebracht.

Im Nachbarhaus des heutigen Fahrradgeschäfts A. Mandel finden wir um die Mitte des 19. Jahrhunderts den Korbmacher Philipp Mandel. 1905 annonciert Ad. Mandel eine „Fahrrad- und Automobilhandlung und Reparatur-Werkstatt".

Im Schnittpunkt dreier Durchgangsstraßen gelegen, die zu den ehemaligen Stadttoren Antoniter-, St. Georgen- und Spießtor führten, war der Roßmarkt nicht nur Verkehrsknoten, sondern auch wirtschaftlicher Mittelpunkt der Stadt. Obwohl sein Name auf einen in früheren Zeiten abgehaltenen Pferdemarkt zurückgehen dürfte, wurden hier in erster Linie Güter des täglichen Bedarfs gehandelt. Aus mobilen Verkaufsständen, den Scharen, auf denen die Waren verkauft wurden, entwickelten sich im Laufe der Zeit feste Häuser, die als sogenannte „Insel" den Roß- vom Fischmarkt trennten. Die Weitwinkelaufnahme aus der Zeit vor dem Ersten Weltkrieg zeigt die Geschäftshäuser mit zeitgemäßen Ladeneinbauten, deren Schaufenster heute vergleichsweise klein erscheinen. Zu beachten sind insbesondere die in den 1950er und 1960er Jahren verschwundenen Vorgängerbauten der heutigen Eisdiele, des Cafés Esselborn und des Tabakgeschäftes Weick.

Wie sehr Häuser dem Zeitgeschmack angepaßt und dadurch verändert wurden, zeigt kein Beispiel so deutlich wie das im Kern noch spätmittelalterliche „Haus zum Raben" am Roßmarkt, dessen Fachwerkobergeschosse wohl aus dem 17. Jahrhundert stammen. Nachdem Jakob Neidlinger 1889 das Haus ersteigert hatte, ließ er 1893 eine Neorenaissance-Fassade aus Zinkblech auf das Fachwerk montieren. Aufgrund der Hochschätzung des Fachwerks vor und während des Dritten Reiches wurde in den 1930er Jahren die Verkleidung entfernt und das Fachwerk wieder freigelegt. Das an einem der zentralen Plätze Alzeys gelegene Haus war seit dem 17. Jahrhundert im Besitz der wohlhabenden, Stadträte und Bürgermeister stellenden Familie Beck und ihrer Nachkommen. Erst im 19. Jahrhundert wurde es zum Gasthaus, dem es seinen heutigen Hausnamen verdankt.

Der Name des damals verputzten, jetzt wieder mit schönem Schmuckfachwerk in den Obergeschossen und auf der Giebelseite versehenen Hauses „Zum Römer" leitet sich vermutlich von der Römergasse ab. Sie führte vom Platz Am Römer in der Hellgasse (am Haus Blaß) hinter den Häusern zu der später überbauten Einfahrt an der Hofseite am Roßmarkt. Am 8. September 1867 eröffnete Peter Curschmann in dem Haus eine Wein- und Bierwirtschaft, nach wechselnder Nutzung als Geschäftshaus beherbergt es heute wieder eine Weinstube.

Bei dieser um die Zeit des Ersten Weltkriegs datierenden Aufnahme des Roßmarkts ist zu erkennen, daß die Grundstücke zum Platz hin früher zum Teil wesentlich schmaler waren als heute. Man sieht auf der Südseite im Bereich der Buchhandlung Machwirth noch zwei voneinander getrennte Häuser, die erst zu einem späteren Zeitpunkt zumindest im Erdgeschoß verbunden wurden. Auch für das in den 1890er Jahren im Stil des Historismus modernisierte Haus der Familie Schweickert auf der Ostseite des Platzes wurden zwei Gebäude zusammengefaßt.

Auch am Roßmarkt wechselten, wie in den anderen Geschäftsstraßen, immer wieder die Besitzer der Ladengeschäfte. So finden wir hier auf einer Aufnahme aus der Zeit um 1930 auf der „Insel" zwischen dem Schuhgeschäft Paul Oppenheimer und der Lederwarenhandlung Ludwig Gutmann das Butterhaus Rheingold.

Nachdem der aus verkehrstechnischen Gründen immer wieder geforderte Abriß der „Insel" zwischen Roßmarkt und Fischmarkt nicht verwirklicht worden war, entstand in den 1950er Jahren am Roßmarkt ein modernes Geschäftshaus.

Route 2

VOM ROSSMARKT ZUR TÖNGESMÜHLE UND ZURÜCK

Roßmarkt – Schloßgasse – Nibelungenstraße – Krimhildenstraße – Gartenstraße – Töngesmühle – Dautenheimer Landstraße – Römerstraße – Seubertstraße – Schillerplatz – Hellgasse – Roßmarkt

Auch die Schloßgasse endete bis Anfang des 19. Jahrhunderts an einem Tor, das jedoch nicht zur Stadtbefestigung gehörte, sondern Teil der Schloßanlage war. Nur zögernd dehnte sich die Stadt in diesem östlichen Bereich zunächst aus. Weit außerhalb lag an der Selz die Töngesmühle, und auch die Heil und Pflegeanstalt entstand ohne direkte Anbindung an die Stadt. In der Römerstraße und am Schillerplatz wurden gegen Ende des 19. Jahrhunderts großzügige Wohnhäuser gebaut. Die Hellgasse, die einst als Sackgasse vor dem Schloß endete, führt zurück zum Roßmarkt.

In der Mitte der Schloßgasse liegen sich zwei dreiflügelige Gebäudekomplexe, das Burggrafiat und das Stadtgut gegenüber. Das um 1700 errichtete „burggräfliche Haus in der Schloßgaß" war Wohn- und Dienstsitz des Burggrafen, der dem kurpfälzischen Oberamt Alzey mit einem Einzugsgebiet von etwa 100 Gemeinden vorstand. Hiervon leitet sich der noch heute gebräuchliche Name des Gebäudes ab. Den in Anlehnung an adlige Palais gestalteten, um 1850 in den Stilformen des Klassizismus als Pendant zum Burggrafiat geschaffenen Gutshof ließ der 1848-58 amtierende Alzeyer Bürgermeister Heinrich Gottlob Pantokrates Seubert errichten. Adolf Seubert, der 1916 verstorbene Enkel des Erbauers, vermachte seinen Besitz testamentarisch der Stadt. Zunächst als gemischtlandwirtschaftlicher Betrieb mit Ackerbau, Viehwirtschaft und Weinbau, wird das Seubertsche Erbe seit Ende der 1950er Jahre nur noch als „Weingut der Stadt Alzey" betrieben.

In der Nachbarschaft des Burggrafiats steht eines der ältesten, noch heute erhaltenen Fachwerkhäuser Alzeys. Nach der Datierung des Konsolsteins wurde das Gebäude 1579 errichtet. Das auf massivem, unterkellertem Erdgeschoß aufgesetzte Sichtfachwerk mit Andreaskreuzen war ursprünglich holzsichtig. Im 18. Jahrhundert wurde das Gebäude aufgestockt, nach Norden hin verbreitert sowie die Fenster vergrößert. Das rein konstruktive Fachwerk deutet darauf hin, daß das Haus damals verputzt wurde. Von den zahlreichen Gastwirtschaften, die dort betrieben wurden, wurde die „Blaue Grotte" zum Namensgeber des Hauses.

Den Blick in die Amtgasse dominieren zwei Gebäude: die „Kleine Kirche" am Ende der Straße und das aus dem Barock stammende zweigeschossige Haus Knobeloch. Es überragt das kleinere Nachbarhaus ebenso wie die zumeist aus dem 19. Jahrhundert stammenden Gebäude auf der gegenüberliegenden Straßenseite. Während diese noch im Stadtgebiet lagen, gehörte das Haus Meschett hinter dem ehemaligen Schloßgraben bereits zum einstigen, von der Stadt abgetrennten Burgbezirk.

Dieses von dem Schneidermeister Andreas Seeger 1804 errichtete Gebäude ist das Geburtshaus des 1808 geborenen, in seiner Heimatstadt heute nahezu vergessenen Landschaftsmalers Carl Ludwig Seeger. Er starb 1866 als Professor und Inspektor der großherzoglich-hessischen Galerie in Darmstadt.

Seit 1873 hatte Peter Göttelmann in dem um 1800 gebauten Haus in der Schloßgasse 22 eine Schreinerei. Um die dort gefertigten Möbel präsentieren zu können, wurde ein Schaufenster in die Hausfront gebrochen.

Das breit gelagerte, massive Haus Meschett ist nach der gleichnamigen Buchdruckerei benannt, die von 1893-1966 ihren Sitz in dem 1718 errichteten ursprünglichen Kellereigebäude des kurpfälzischen Oberamtes Alzey hatte.

In den 1920er und noch zu Beginn der 1930er Jahre betrieb Karl Baum in der Kellerei ein Weingut mit Weinhandel. Als Jude starb er 1943 im KZ Minsk. Seine emigrierte Tochter Liselotte schenkte 1953 der Stadt das der Familie gehörende Schloßtor. Die Bebauung des Kästrichs setzte erst um 1835 ein. Älter sind jedoch die beiden direkt am Schloßtor errichteten Gebäude: links die Kellerei (1718) und das nach einer Datierung im Eckquader (1468) im Kern bis in das 15. Jahrhundert zurückreichende Gebäude rechts des Tores.

Seit 1903 überragt die Alzeyer Burganlage in historistischer Prächtigkeit wieder die Stadt. Aus einem Ruinentorso erstand in den Jahren 1901-03 durch das Großherzogtum Hessen ein multifunktional genutzter Amtssitz. Der historische Ursprung der Burg liegt im Dunkeln. Mögliche Gründungsdaten sind die Jahre um 1125, um 1168 oder kurz nach 1214. Ihre erste Erwähnung findet die Burg im Jahre 1260 im Zusammenhang mit einer militärischen Strafaktion einer Wormser Streitmacht gegen die „Räuberhöhle" Alzey und ihre damaligen Burgherren, die Truchsessen von Alzey. Obgleich pfalzgräfliches Lehen, betrachtete die Alzeyer Adelsfamilie der Truchsessen die Burg zunehmend als Eigenbesitz, und es bedurfte geschickten politischen Agierens der Pfalzgrafen, um Anfang des 14. Jahrhunderts wieder in ihren Besitz zu gelangen. Abgesehen von einer kurzzeitigen Verpfändung an den Mainzer Erzbischof (1314-20) fungierte die Alzeyer Burg fortan als ein zentraler militärischer, administrativer und wirtschaftlicher Stützpunkt der pfalzgräflichen Herrschaft links des Rheins und bildete zugleich eine der Nebenresidenzen des Pfalzgrafen. Nicht zuletzt dieser Residenzfunktion verdankte die Alzeyer Burg auch ihren schrittweisen Ausbau zu einer komfortableren Schloßanlage. So wurde in der zweiten Hälfte des 15. Jahrhunderts zunächst der Saalbau im Nordflügel errichtet, der in den 1520er Jahren nach Osten hin erweitert und mit zwei repräsentativen Erkervorbauten versehen wurde. Diesem „Neuwenschloß" wurde in 1540er Jahren ein weiterer, ursprünglich dreistöckiger Schloßtrakt im Stil der Renaissance gegenübergestellt. Zu Beginn des 17. Jahrhunderts residierte der pfalzgräfliche Hof zwar nochmals für einige Monate in Alzey, gleichwohl verlor das Schloß als Residenz zunehmend an Bedeutung. Die Zerstörung des Alzeyer Schlosses im Oktober 1689 durch die Franzosen markiert insofern nur noch den Endpunkt seines Niedergangs.

Die südliche Schloßanlage vor dem Wiederaufbau Ende des 19. Jahrhunderts.

Wiederaufbauarbeiten am Nordflügel des Schlosses in den Jahren 1901/03.

Blick von Nordosten auf das Schloß zu Beginn des 20. Jahrhunderts.

Eine Postkarte zum geplanten Wiederaufbau des Schlosses, der allerdings ohne den mächtigen und hohen Torturm realisiert wurde.

Bis um die letzte Jahrhundertwende war die Schloßgasse vom Schloßtor nach Osten die „Untere Burggasse". Um 1850 entstanden unterhalb des Schlosses auf der gegenüberliegenden Straßenseite die beiden architektonisch gleich gestalteten Häuser mit Mittelgiebel. An dem ersten weist das Schild auf die Gärtnerei Georg Braun hin.

Den Abschluß der Bebauung in dieser Straße bildete lange Jahre das um die Mitte des 19. Jahrhunderts errichtete und mit auffälligen Stilelementen versehene Haus des Kreisbaumeisters Ludwig Rhumbler (1803-1890).

Als zweite städtische Volksschule wurde 1910/11 im Osten der Stadt die Nibelungenschule errichtet. Die vom Rektor der Löwenschule in Personalunion geleitete Schule wurde erst 1945 selbständig und erhielt eine eigene Schulleitung. Gleichzeitig wurde sie zur Volksschule für Mädchen, die Löwenschule hingegen zur Jungenschule erklärt. Seit 1956 gehen Jungen und Mädchen hier wieder gemeinsam in eine Klasse.

Von der neuen Nibelungenschule geht der Blick Anfang des 20. Jahrhunderts auf das Schloß und den östlich davon entstandenen Stadtteil. In der Straße „Ober der Burg", (später Elisabethstraße, ab 1926 Volkerstraße) lud rechts die „Bier- und Weinwirtschaft zum alten Schloss" von Friedrich Müller III zum Besuch ein. Später befand sich dort die Schreinerei Engelmann. Links im Landhausstil das Wohnhaus des Tierarztes Hermann Lambert, Volkerstraße 26.

Die im Eigentum der Stadt Alzey stehenden „Baracken" in der Krimhildenstraße boten Wohnraum für sozial schwache Einwohner.

Seit 1901 versorgte das neue, in seiner Gestaltung an eine Basilika mit überhöhtem Mittelschiff und zwei Nebenschiffen erinnernde Gaswerk in der Gartenstraße die Stadt und ihre Bewohner mit Gas. Das vorherige Gaswerk am Ausgang der Klosterstraße hatte Georg Schafhaus, der 1860 die Gasbeleuchtung in der Stadt einführte, errichtet und bis in die 1880er Jahre hinein selbst betrieben.

Die an der Selz zwischen Alzey und Schafhausen gelegene Tönges- oder Antonitermühle, deren ehemals repräsentatives Wohnhaus in den 1950er Jahren sehr heruntergekommen war, gehörte zum gleichnamigen, um 1250 gegründeten Kloster in der Stadt. Bis zu seinem Abbruch wegen des Autobahnbaus Ende der 1960er Jahre wurde das Gebäude als Obdachlosenasyl genutzt.

Abseits der Stadt, auf offenem Feld entstand mit der 1905/08 im „Darmstädter Barockstil", einer Mischung aus Jugend- und Barockstil, errichteten großherzoglich-hessischen „Irrenanstalt" in der Dautenheimer Landstraße ein psychiatrisches Krankenhaus von überregionaler Bedeutung. Neuen Behandlungskonzepten entsprechend wurde hier für ca. 450 Patienten eine großzügige „Wohnanstalt für Gemütskranke" geschaffen.

Während inzwischen die Bäume der Parkanlage die Gebäude der heutigen Rheinhessen-Fachklinik geradezu verdecken, hatte man anfangs noch einen freien Blick auf die Kochküche sowie die Kapelle.

Ein in den 1930er Jahren entstandenes öffentliches Gebäude ist das Finanzamt, das in seiner gut gegliederten, klaren Bauweise das Stadtbild an der Ecke Römerstraße/Nibelungenstraße bestimmt. Die Nibelungenstraße hieß früher Armesünderweg.

Das heutige Haus der Jugend in der Römerstraße, ein seit den 1970er Jahren von der Stadt eingerichtetes Jugend- und Kulturzentrum, wird vielfach auch als „Loge" bezeichnet. Diese Benennung des in der zweiten Hälfte des 19. Jahrhunderts errichteten Gebäudes mit seinem hallenartigen Anbau deutet auf dessen frühere Nutzung als Logenhaus der 1817 in Alzey gegründeten Freimaurer-Loge „Karl zum neuen Lichte" hin.

Um 1913 entstand diese Aufnahme der Dautenheimer Landstraße und der Hagenstraße (heute Römerstraße und Seubertstraße). In dem Haus mit weiß verputztem Erdgeschoß und Fachwerkgiebel (heute Römerstraße 17) wohnte um 1905 der Baurat Eduard Langgässer, der Vater der 1899 in Alzey geborenen Schriftstellerin Elisabeth Langgässer.

Mit Erkern, Türmchen und aufwendigen Dach- und Fassadengestaltungen wurden um 1900 die Häuser am Schillerplatz, dem einstigen Armbrustschießplatz oberhalb der Burg und außerhalb der ehemaligen Stadtmauer, erbaut.

Zwischen dem um 1895 für den Notar Gustav Jost im Stil der Neorenaissance erbauten Haus Schießgraben 10 und dem Haus Schillerplatz 4 zeigt das Bild den anläßlich der Schloßrestaurierung Anfang des 20. Jahrhunderts eingerüsteten „Runden Turm".

Dieses repräsentative Barockhaus mit mächtigem Mansarddach, doppelläufiger Freitreppe und einer durchlaufenden Holzlaube auf der Südseite war im Besitz der später geadelten Landschreiberfamilie Koch. Nach dem späteren Eigentümer Michael Dietz (1861) heißt das Gebäude noch heute Haus Dietz.

Der Blick auf den erst 1906 geschaffenen Stadtmauerdurchbruch streift rechts das Haus Dietz, links die vormalige, innerhalb der Besitzungen des kurpfälzischen Landschreibers Philipp Ludwig Koch liegende Meierei oder Schweizerei, deren Gebäude ab der zweiten Hälfte des 19. Jahrhunderts zum Weingut Deforth gehörte. Dahinter schließt sich das ehemalige, im ausgehenden 19. Jahrhundert errichtete Weingut Eller (später Leoff) an. In seinem rund 50 Meter langen Keller mit Kreuzrippengewölben wurden in kurpfälzischer Zeit die Weingefälle des Oberamtes Alzey gesammelt und gelagert.

Das Anwesen Hellgasse 7 war im 18. Jahrhundert im Besitz von Anselm Fabis, als „Ausfauth" ranghoher kurpfälzischer Beamter, später Notar in Alzey. Um 1880 kaufte Karl Werger, ein Brauereibesitzer aus Worms, das Haus und richtete dort die Gaststätte „Zwölf Apostel" ein.

Von der St. Georgenstraße aus geht der Blick auf die Häuser in der Hellgasse bis zum Haus Dietz.

Route 3

VOM ROSSMARKT ZUR POPPENSCHÄNKE UND ZURÜCK

Roßmarkt – Spießgasse – Weinheimer Landstraße – Poppenschänke – Badeweg – Am Damm – Hinkelgasse – Flonheimer Straße – Selzgasse – Wilhelmstraße – Roßmarkt

Vom Roßmarkt nach Westen führt die Spießgasse als zweite Hauptverkehrsader. Einst endete sie am Spießtor, nun an der Bahnüberführung, wo die Weinheimer Landstraße beginnt. Außerhalb der alten Gemarkungsgrenzen liegt die Poppenschänke, die für die Alzeyer jedoch schon lange ein beliebtes Ausflugsziel ist. Über die Mühlen an der Selz führt der Weg zurück in die Vorstadt mit Hinkelgasse und Flonheimer Straße. Die Selzgasse und die Wilhelmstraße beschließen den Rundgang.

Verschiedene Kaufmannsfamilien wohnten in der Spießgasse 12, ehe 1850 Jakob Martin I. das Haus kaufte und eine Konditorei einrichtete. In der Spießgasse 14 folgte dem Bäcker Heinrich Herberg 1875 der Uhrmacher Christian Eller. 1611 als Haus der Junker von Oberstein erwähnt, kam die Spießgasse 16 im Jahre 1850 in den Besitz von Edmund Leßing. Bald nach ihrer Gründung 1926 hatte die Volksbank Alzey ihre Geschäftsräume in dem Haus. Im Haus Spießgasse 18, um 1800 Gastwirtschaft, befand sich seit der letzten Jahrhundertwende das Schuhhaus Nathan Levi, heute ist dort das Schuhhaus Stephan.

Eine zweite Apotheke wurde zu Beginn des 17. Jahrhunderts im „Bornhaus" („Deutsches Haus" am Fischmarkt), später (um 1730) im Haus Wolf (Obermarkt) betrieben. Der Apotheker, Posthalter und Bürgermeister (1807-13) Friedrich Franz Simon verlegte sie in das Haus Spießgasse 10, wo heute noch die Löwen-Apotheke ihren Sitz hat.

Auch die Häuser auf der Südseite der Spießgasse erinnern in den Ober- und Dachgeschossen noch an ihre Bauzeit im 18. und 19. Jahrhundert. Im Erdgeschoß finden wir die der jeweiligen Zeitströmung angepaßten Ladenfronten. Wo im Jahre 1801 ein Hutmacher, ein Wundarzt, zwei Perückenmacher und ein Schmied wohnten, finden wir 100 Jahre später die Kleidermacherin Henriette Süßkind, die Bäckerei Anton Brückmann, den Kolonialwarenhandel von Johann Corell, den Buchhändler August Wehn, den Bäcker Simon Süßkind und den Uhrmacher Martin Fischer.

Bereits 1561 als „Schildwirtshaus zur Weißenburg" erwähnt, wurde das Haus Spießgasse 20 im 18. Jahrhundert Thurn-und-Taxissche Poststation. Im 19. Jahrhundert wurde der Name in „Gasthaus zum Kaiser" geändert, da Napoleon I. einmal dort abgestiegen sein soll. 1894 war das Gasthaus im Besitz der Familie Georg Fuchs. Später wurden im Erdgeschoß Ladengeschäfte eingerichtet.

Am 11. November 1911 um 11 Uhr vormittags ließ sich der Barbier Heinrich Karl Marquard mit Gesellen und Passanten vor seinem Haus Spießgasse 22 (heute Handarbeitenstudio Brück) aufnehmen.

Das Haus Spießgasse 26, im 16. Jahrhundert schon als „Herberge zum Helm neben der Schuhmacherstube" erwähnt, war später im Besitz der Familie des Stadtmajors Widder. Um 1931 waren im Erdgeschoß zwei Läden untergebracht: das Kaffeefilialgeschäft Thams & Garfs und der Manufakturwarenhandel des Hauseigentümers Moses Bronné. Im Haus Spießgasse 24 mit seinen vorkragenden Obergeschossen folgte nach der letzten Jahrhundertwende dem Buchbinder Georg Jung das Lebensmittel- und Obstgeschäft Jakob Zimmers.

Im 16. Jahrhundert hatten in dem Haus Spießgasse 28 die Schuhmacher ihre Zunftstube; um 1800 lebte dort der Kaffeewirt Franz Reitz. 1826 kauft der Zeugschmied Adam Leßel d.J. das Haus und gründete eine Eisenwarenhandlung, die bis 1971 als Familienbetrieb bestand. Die um 1880 im Maximilianstil eingebaute Ladenfront aus gelblichem Sandstein blieb als eine der wenigen im Stadtgebiet unverändert erhalten.

In dem Haus Spießgasse 25, einem Barockhaus mit Mansardgiebeldach, wohnte um 1800 der Wundarzt Theophilus Herelle. Später war es zusammen mit dem Nachbarhaus Spießgasse 27 im Besitz von Abraham Weinmann. Die 1894 schon bestehende Seilerwarenhandlung von Georg Voelckel wurde von Ludwig Voelckel weitergeführt (später Reformhaus Fritz, heute Schüler). Im Hause Spießgasse 23 wohnte 1801 der Dachdecker Thomas Boßmann. Den Händlern Johann Fischer und Adam Zepp folgte um 1900 Alfred Rodrian mit Herren- und Knabenkonfektion, danach Jakob Blanck (heute Michel).

Das Haus Spießgasse 27 erwarb Georg Lawall kurz vor der letzten Jahrhundertwende von Abraham Weinmann. 1905 betrieb er ein „Hypothekengeschäft & Zigarrenhandel". In den 1920er Jahren gab es schon das Elektroinstallationsgeschäft von Sebastian Seitner.

Das 1561 als Schmiede errichtete „Haus Heimerle" war eines der ältesten Gebäude Alzeys. Charakteristische Merkmale der Erbauungszeit stellten die giebelseitige Fenstergruppe sowie das vorkragende Obergeschoß mit Zierfachwerk und zwei Fenstererkern dar. Deutlich jünger hingegen war die in den ersten Jahrzehnten des 20. Jahrhunderts angebrachte Verschieferung der Wetterseite sowie der Ladeneinbau. Die Familie des letzten Eigentümers Ludwig Heimerle betrieb hier bis zum Abriß des Hauses (1961) einen Korbwaren- und Tabakladen.

Das Haus Spießgasse 32 fiel in einer Reihe traufständiger Gebäude durch seinen breiten Mittelgiebel auf. Um 1880 gehörte das Haus dem Schuhhändler Hermann Küchler. Ihm folgte in den 1930er Jahren Theodor Straub mit einem Salamander-Schuhgeschäft, das bis zum vollständigen Umbau des Hauses bestand.

Die Firma Heinrich Kandel hatte ihr Stammhaus in der Spießgasse 34. Der in den 1890er Jahren eröffnete Spezereihandel entwickelte sich später zu einem Groß- und Einzelhandel für Lebensmittel, zu dem das Nachbarhaus Spießgasse 36 und das Eckhaus Spießgasse 30 gehörten.

Ehe die Billige Quelle ihr Domizil auf dem Roßmarkt fand, gab es sie um 1905 unter ihrem Besitzer Karl Kahn in der Spießgasse 36, wo vermutlich die nicht eindeutig zuzuordnende Aufnahme entstand.

Im 16. Jahrhundert gab es schon die „Herberge zum goldenen Löwen" an der Ecke Spießgasse/Löwengasse. Auch der Brunnen spendete um diese Zeit schon Wasser. Das Haus mit der Weinwirtschaft Wilhelm Bechtolsheimers und der Brunnen wurden 1941 Opfer eines der ersten Bombenangriffe auf Alzey.

Wuchtig hebt sich das in einem der Eckquader auf 1570 datierte Haus noch heute von den Nachbarhäusern ab. Das im Dreißigjährigen Krieg offensichtlich zerstörte Dachgeschoß wurde 1669 mit einem in Alzey heute einmalig erhaltenen Volutengiebel versehen. Der Laden mit einer schmalen Eingangstür zwischen zwei Rundbogenfenstern wurde erst in späterer Zeit eingebaut. Eigentümer des Hauses war im 18. und 19. Jahrhundert die alteingesessene Familie Esselborn, ab 1868 Jakob Brückmann II. Seit etwas mehr als 100 Jahren befindet sich das Haus im Besitz der Familie Jung.

Im Haus Spießgasse 50 folgte dem Barbier Jakob Schlosser im späten 19. Jahrhundert sein Sohn Johann als Zahntechniker. In den 1920er Jahren wurde Gustav Hoevel Inhaber der Drogerie J. Schlosser.

Das Haus Spießgasse 58 (jetzt Volker-Apotheke), seit einigen Jahren wieder mit freigelegtem Zierfachwerk, wurde 1563 als „Wirtshaus zur Kanne" erwähnt. 1801 war Simon Eller „Kannenwirt", Mitte des 19. Jahrhunderts ging das Gebäude samt einem zugehörigen Theatersaal in den Besitz der Familie Curschmann über, die auf dem danebenliegenden Grundstück Spießgasse 54/56 seit 1829 eine Eisenhandlung betrieb.

1801 wohnte in dem Haus Spießgasse 55, das heute zur Metzgerei Bechtolsheimer gehört, Simon Isaak, dessen Familie wie die seines Vaters Isaak Simon später den Namen Belmont annahm. Ende des 19. Jahrhunderts besaß Sparkassenrechner Franz Lawall das Gebäude.

Das Backhaus an der Spießpforte, schon im 14. Jahrhundert erwähnt, befand sich in der Spießgasse 60 (heute Immobilien-Hofmann). 1880 war Heinrich Jung III dort Bäcker, später war in dem Gebäude das Café Jung. Die Bäckerei Jung finden wir dann zwei Häuser weiter westlich (heute Farben-Lohr), um 1800 Gasthaus („Zum wilden Mann"?); in dem Haus dazwischen war früher der Manufakturwarenhandel Martin Wolf.

Dieses Bild zeigt eindrucksvoll den Wechsel zwischen trauf- und giebelständigen Häusern an der Straßenfront der Spießgasse in dem Bereich, der noch innerhalb der ehemaligen Stadtmauer lag (Hausnummern 63-73). Das Spießtor befand sich im Bereich der Toreinfahrt zur damaligen Kohlenhandlung Lawall (Spießgasse 73).

Bei genauerem Hinsehen ist das Lebensmittel- und Feinkostgeschäft im Wohnhaus der Stadtmühle am Ende der Spießgasse zu lokalisieren. Dieses historische Klinkersteingebäude wurde 1893 nach einem Brand von Johann Neidlinger errichtet. 1919 erwarb der Müller Karl Beck die Stadtmühle, deren dreigeschossiges Mühlengebäude Anfang der 1980er Jahre bei der Erweiterung der Hospitalstraße abgerissen wurde.

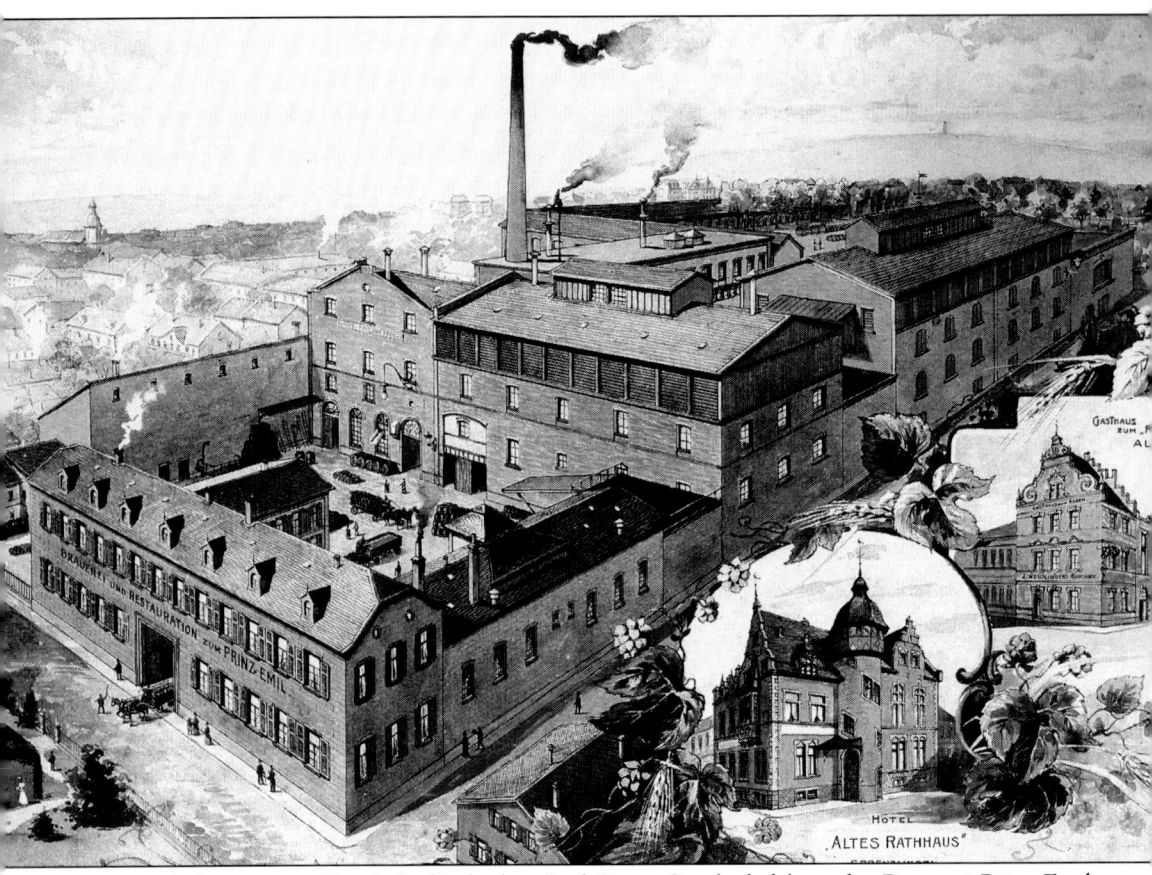

Für „25jährige treue Kundschaft" dankte Carl Seitz, Geschäftsführer der Brauerei Prinz Emil in der Spießgasse, mit dieser auf einem Karton aufgezogenen Darstellung. Gegründet wurde die Brauerei von den Brüdern Carl und Johann Perpente. Sie waren Nachfahren italienischer Einwanderer. 1881 ging die Brauerei in Konkurs, woraufhin sie Jakob Neidlinger II ersteigerte. Er gab der Brauerei den Namen Prinz Emil und verkaufte das hier produzierte Bier unter anderem in seinem Gasthaus „Zum Raben" am Roßmarkt. 1917 fusionierte die 1911 in Volker-Bräu umbenannte Brauerei mit der Brauerei Kleinknecht am Bahnberg, wohin die Produktion verlagert wurde. Seit 1920 befindet sich das Gebäude im Besitz der Stadt. Die Darstellung zeigt das Vorderhaus in künstlerischer Freiheit um zwei auf 13 Fensterachsen verbreitert.

Im Zwinger hieß noch um 1875 das von der Spießgasse bis zur Hinkelgasse führende Straßenstück. Hier kaufte 1858 der Schmied Philipp Scherrer ein Haus und gründete die spätere Landmaschinenfabrik, deren Gelände bis zur Spießgasse ging. Durch Bombentreffer im Zweiten Weltkrieg wurden die Gebäude schwer beschädigt.

Im 19. Jahrhundert war Hermann Mathias Bierbrauer und Wirt in der „Bavaria" an der Ecke Am Damm/Spießgasse. Sein Nachfolger Ludwig Lahr braute noch Bier bis 1902. Johann Dörrhöfer übernahm 1917 das Gasthaus, ihm folgte sein Schwiegersohn Karl Stocksieber. 1945 wurde das Haus bei einem Fliegerangriff zerstört; später entstand an gleicher Stelle das Möbelhaus Arnold.

Als die Mälzerei Wendecker in der Spießgasse 1988 ihren Betrieb einstellte, konnte sie auf eine über 100 Jahre währende Geschichte zurückblicken. Ihre Anfänge reichen vermutlich bis 1863, dem Gründungsjahr der Alzeyer Aktienbrauerei, zurück. Zusammen mit dem dort beschäftigten Braumeister Winter erwarb Joseph Wendecker 1876 die Brauerei, die er von 1886 an alleine und seit den 1890er Jahren nur noch als Mälzerei führte.

Seit seiner Erbauung um 1870 gibt das Fritzsche Wohnhaus, am westlichen Ende der Spießgasse zwischen ehemaliger Malzfabrik und Schuhfabrik gelegen, mit seiner in alpenländischem Stil holzverzierten Fassade der Straße eine besondere Note.

Seit 1882 fertigte Gottlieb Hudelmaier in der Ochslergasse Schuhe. 1894 finden wir Christian Hudelmaier auf dem Gelände vor der Bahnüberführung an der Weinheimer Landstraße. Gegenüber den Fabrikgebäuden stand auf der anderen Straßenseite das Wohnhaus von Eugen Hudelmaier.

Am Ende der Spießgasse vor der Eisenbahnüberführung finden wir um die letzte Jahrhundertwende das „Restaurant zum Badischen Hof".

In diesem Gebäude in der Weinheimer Landstraße zog am 1. Juli 1893 die Kreishaushaltungsschule ein. Aufgabe des Instituts war es, erwachsene Mädchen aus dem „Bürger- und Bauernstand zu künftigen tüchtigen Hausfrauen heranzubilden". Bis heute bekannt ist die Schule vor allem durch ihre Lehrerin Auguste Schneider, deren in mehreren Auflagen erschienenes „Praktisches Kochbuch für den bürgerlichen Haushalt. Speziell bearbeitet für die Schülerinnen der Kreishaushaltungsschule Alzey" sich noch heute in zahlreichen Haushalten des Alzeyer Landes findet. 1932 wurde die Schule aufgelöst. Für schulische Zwecke wurde das Gebäude erst wieder nach dem Zweiten Weltkrieg genutzt. Als Landwirtschaftsschule beherbergte es neben der früheren Winterschule und einer landwirtschaftlichen Beratungsstelle gleichsam in Kontinuität zur früheren Kreishaushaltungsschule auch Klassen für ländliche Hauswirtschaft. 1997 wurde der Standort Alzey aufgegeben.

Auf einer Bleistiftzeichnung hat ein Müllerbursche um 1930 die gesamte Anlage der Rechenmühle mit Wohn- und Mühlengebäude sowie einer Vielzahl von Nebengebäuden und dem großen unterkellerten Garten zur Straße hin festgehalten. Vermutlich aufgrund ihrer Lage auf halbem Weg zwischen Alzey und Weinheim wurde die bereits 1282 urkundlich erwähnte Mühle seit dem 14. Jahrhundert als Mittelmühle bezeichnet. Die Änderung ihres Namens verdankte sie dem Rechenmeister Hauprecht Heider, der die Mühle 1604 in Erbpacht von den Deutschherren übernahm. Nach ihm hieß die Mühle fortan Rechenmeistermühle oder verkürzt Rechenmühle. Die seit 1933 im Besitz der Familie Bamberger befindliche Mühle wurde 1990 unter Beibehaltung möglichst umfangreichen originalen Baubestands in eine Wohnanlage umgebaut.

Gruß aus der Poppenschenke.

Beliebtes Ausflugsziel ist seit Generationen die Poppenschänke der Familie Göttelmann, die bereits in der Weinheimer Gemarkung liegt. Kunstliebhaber erfreuen sich hier an dem zu einem Brunnen umfunktionierten hölzernen Barock-Pavillon auf gedrehten Säulen, seiner hinzugefügten Madonna und an den Jugendstilfenstern. Ältere Alzeyer erinnern sich gerne an den kleinen Teich im Garten, auf dem man im Sommer Boot fahren, im Winter Schlittschuhlaufen konnte.

Schon vor 1900 gab es eifrige Schwimmer in der Huffschen Badeanstalt, dem späteren Neptun-Bad auf dem Gelände der Hansen-Mühle. Parkartig angelegt war das Bad Graf direkt daneben an der Selz (heute Robinson-Spielplatz).

Die Straße auf dem an der ehemaligen Spießpforte aufgeschütteten Damm hieß zu Beginn ihrer Bebauung Volkerstraße, später Rathenaustraße und Hindenburgstraße, ehe sie nach dem Krieg in „Am Damm" umbenannt wurde. Von ihrer Höhe sehen wir zwischen den Häusern die noch offen fließende Selz vor der Unterquerung der Flonheimer Straße.

Im westlichen Bereich der sogenannten „Vorstadt", einer nördlichen Erweiterung der Stadt im 15. Jahrhundert, liegt die Hinkelgasse, die in etwa dem Verlauf der Stadtmauer folgt. Reste der Stadtmauer sind in den Häusern Nr. 15, 17 und 21 nachweisbar.

Etwas versteckt und weitgehend unbeachtet steht dieses, durch seinen steilen Giebel und die Profilierung des linken, noch ursprünglichen Fenstergewändes im Obergeschoß als spätmittelalterlich anzusprechende Wohnhaus zu den ältesten Gebäuden der Stadt zählt. Als langjährige Bewohner, die bereits im 19. Jahrhundert hier eine Wagnerwerkstatt betrieben, ist älteren Alzeyern vielleicht noch die Familie Georg Rocker ein Begriff.

Das „Entree" der Flonheimer Straße wird maßgeblich von diesem, dem Straßenlauf folgenden Haus mit verputztem Fachwerk im Obergeschoß bestimmt. Die Freilegung des schlichten, konstruktiven Fachwerks durch den Altstadtverein förderte 1997 einen beschnitzten Eckständer mit der Jahreszahl 1705 und den Initialen „I B" zutage.

Auffallendstes Kennzeichen des in der Selzgasse etwas zurückgesetzt stehenden Gebäudes mit Mansardgiebeldach ist der um die letzte Jahrhundertwende vorgesetzte Bau einer Veranda im alpenländischen Landhausstil mit flacher Dachneigung und Betonung der Pfettenkonstruktion, die durch vorgeblendete Zierhölzer erreicht wird. Mit dieser Aufnahme seines Hauses, das die Reklameaufschrift „Alzeyer Zeitung" trägt, warb der Verleger Carl Wieprecht für seine Drukkerei, in der neben der genannten Zeitung auch Formulare aller Art hergestellt wurden.

„Auf dem Entenpfuhl" war der vormalige Name der Selzgasse. Das Bild zeigt deren unteren (nördlichen) Teil: Auf der rechten Seite ist die bis in die 1930er Jahre bestehende Häfnerei Hag/ Schmidt zu sehen. Die Mauer des „Kaisergartens" mit der Hähnschen Gastwirtschaft schloß das Gebiet zur Straße ab. Es folgt „Helbig's Kaserne", ein großes Haus an der Ecke zur Ochslergasse. Das nächste Eckhaus aus dem frühen 19. Jahrhundert war die Gastwirtschaft und Metzgerei Friedrich Messingers. Nur dieses Haus und das kleine Wohnhaus im Vordergrund links sind von den gezeigten Gebäuden noch erhalten.

Bei einer Erbteilung im 19. Jahrhundert wurden aus einem großen Gebäude in der Selzgasse zwei Häuser: In dem schmalen Haus mit dem verschieferten Giebel hatte lange Jahre die Spenglerei Frondorf ihren Handwerksbetrieb. Heute ist es wieder mit dem linken, größeren Teil verbunden.

Schon im 15. Jahrhundert befand sich in dem Haus Selzgasse 10 eine dem Junker Wilhelm von Wattenheim gehörende „Badstube auf dem Entenpfuhl". 1779 kaufte Adam Leßel d.Ä. das Haus und erwarb auch das Feuerrecht zum Betrieb einer Zeugschmiede. Als sein Sohn vom Schmiedehandwerk zum Eisenwarenhandel wechselte und das Eckhaus an der Spießgasse kaufte, wurde das Haus unter den Nachfolgern geteilt. Nach Ludwig Hillebrecht führte bis nach dem Zweiten Weltkrieg Peter Weiler einen Kolonialwarenladen in dem Haus.

Nachdem der Stromberger Gerber Wilhelm Preetorius 1816 nach Alzey eingeheiratet hatte, erwarb er das vormalige Schlachthaus am nördlichen Ende der Schlag- bzw. Metzgergasse, riß dieses ab und ließ an dessen Stelle das hier abgebildete Wohngebäude mit Lederfabrik errichten. Dem Mitglied der demokratischen Partei und Abgeordneten im hessischen Landtag (1834, 1851-56) zu Ehren wurde die Metzgergasse in Wilhelmstraße umbenannt. Als die Lederfrabrik 1879 geschlossen werden mußte, richtete Preetorius' Sohn Carl hier einen Verlag mit Druckerei ein, in dem seit 1880 Alzeys dritte Zeitung, der „Alzeyer Beobachter" erschien. Im Zuge eines Straßendurchbruchs wurde das Gebäude Anfang der 1970er Jahre abgerissen.

Route 4

VOM ROSSMARKT ZUM KRANKENHAUS UND ZURÜCK

Roßmarkt – Antoniterstraße – Weinrufstraße – Kreuznacher Straße – Bahnhofstraße – Schanzenstraße – Zehnbrückerstraße – Blauer Hut – Am Wall – Klosterstraße – Roßmarkt

Beim Gang durch die Antoniterstraße, der dritten am Roßmarkt beginnenden Hauptstraße, werfen wir gelegentlich einen Blick in Seitenstraßen wie Amtgasse, Lohgasse oder Wächterspfad, um auch deren Straßenbild einzufangen. Über die bei ihrer Bebauung als „Prachtallee" bezeichnete Weinrufstraße führt der Weg zum Kreiskrankenhaus und zum hochgelegenen Bahnhof im Norden der Stadt. Bei der Schanzenstraße kommen wir wieder in die ehemalige „Vorstadt", in deren Bereich auch die eng bebaute Zehnbrückerstraße und der „Blaue Hut" liegen. Eine Verbindung zwischen dem Gebiet „Am Wall" und der Klosterstraße entstand erst, als in dieser ehemaligen Sackgasse im Zuge des Kanalbaus ein Straßendurchbruch erfolgte.

Ein Pferdefuhrwerk diente dem Fotografen vor ungefähr 100 Jahren als „Staffage" beim Blick vom Roßmarkt in die Antoniterstraße.

Ein um 1900 an Bedeutung gewinnender Zweig der Fotografie war die Anfertigung von Industrieaufnahmen. Das Bild stammt aus der Seifenfabrik Louis Fritz.

In den 1860er Jahren verkaufte der pensionierte Posthalter Wilhelm Erckmann II die ihm gehörende, nach der Antoniterstraße gelegene Hälfte der „Alten Post" an Ludwig Fritz, der damals bereits das nördlich angrenzende Haus besaß. Im Bereich des „Fegbeutels", dem folgenden Straßeneinschnitt, wurde neben einem Ladengeschäft und Lebensmittelgroßhandel eine florierende Seifen- und Sodafabrik aufgebaut.

1875 schon finden wir in der Antoniterstraße den Konditor Karl Dietz in einem Haus, das heute zur Brunnen-Apotheke gehört. Aus dem Café Dietz wurde später für viele Jahre das Café Fortmüller.

Wo heute in der Antoniterstraße neben der Brunnen-Apotheke der Ausstellungspavillon des Textilhauses Sauer steht, führte seit 1895 Max Maykemper in einem schmalen Haus einen Kurzwarenhandel.

Zwei Zeichnungen von Ludwig Schorlemmer zeigen Vorder- und Rückseite des originellen Hauses Wollmenschied, von dem ein Zeitzeuge behauptete: „Trat man ein, da stand man auch schon vor der hinteren Wand". Dieses und das Maykempersche Haus waren Torhäuschen einer Hofreite, zu der als Haupthaus das Gebäude Antoniterstraße 12 gehörte.

Das Haus Antoniterstraße 12 war Teil einer 1560 erwähnten Hofreite „zum Fegbeutel in der Thongesgasse", die den platzartigen Hofraum umgab. Das Gebäude befand sich schon vor 1900 im Besitz der Familie Fritz; später wurde das Grundstück Teil des neuen Textilhauses Sauer.

Das Textilhaus Levi in der Antoniterstraße zu Beginn der 1930er Jahre.

Bis in die 1950er Jahre dominierte das in den 1890er Jahren errichtete Kaufhaus der jüdischen Familie Levi die untere Antoniterstraße. Das 1853 von Moses Levi gegründete Textilgeschäft mußte in den 1930er Jahren veräußert werden. Karl Levi, der damalige Eigentümer, konnte zunächst noch den Großhandel weiterführen, mußte diesen aber schließlich an die Firma Sauer Witwe verkaufen. Mit der Erweiterung des Warenangebots in den 1950er Jahren dehnte sich das Kaufhaus zunächst räumlich auf mehrere Häuser aus, schließlich folgte ein Neubau.

Verkaufsräume der Firma Moses Levi.

Diese um 1890, vor dem Bau des Levischen Geschäftshauses entstandene Aufnahme der Antoniterstraße zeigt links das Haus des Uhrmachers August Baab. Auf der gegenüberliegenden Seite nach der Einmündung der Amtgasse folgen die Häuser von Moses Kahn, Max Baum und Jakobine Kissel, später Adolf Levi.

Das „herrschaftliche Oberambtshaus unten in der Ambtgasse" erinnert ebenso wie die Straßenbezeichnung Amtgasse an die Bedeutung Alzeys als Sitz eines kurpfälzischen Oberamtes. Das aus der Zeit vor dem Dreißigjährigen Krieg stammende Amtshaus – die erste schriftliche Nachricht datiert von 1629 – wurde in napoleonischer Zeit (1803) als Nationalgut versteigert. Aus der Zeit der Erbauung stammen noch die Gewände der Doppelfenster im Obergeschoß sowie das Rundbogenportal mit Renaissancedekor im Erdgeschoß. Der zur Straße hin ausgerichtete Zwerchgiebel dürfte um 1800 aufgesetzt worden sein.

Während die Grundstücke auf der Oststeite der Antoniterstraße zwischen Amtgasse und Klosterstraße um 1800 noch Gartengelände waren, das als vormals kurpfälzischer Besitz zu dieser Zeit Nationalgut war, standen gegenüber auf der Westseite schon sieben Häuser. Sie prägten Jahrzehnte später durch den Einbau von Ladenfronten das Bild der Antoniterstraße als Geschäftsstraße.

In dem Haus Antoniterstraße 23 befand sich um 1900 die Dampfschleiferei H. Weick, deren Spezialität das Schleifen von Rasiermessern war. Nach der Buch und Schreibwarenhandlung von Johann Blaß folgte später eine Filiale von Kaiser's Kaffeegeschäft.

In der Reihe der um die letzte Jahrhundertwende aufgestockten, dreigeschossigen Nachbarhäuser wirkt das Eckhaus nahe dem Torbogen des ehemaligen Antoniterklosters, der „Darmstädter Hof", eher bescheiden. Gleichwohl war er – Carl Wimmer zufolge – Mitte des 19. Jahrhunderts das „erste Hotel am Platz". Das heutige Mansarddach stammt, wie man sieht, nicht schon aus dem 18., sondern erst aus dem 20. Jahrhundert. In der Nachkriegszeit unterhielt die französische Besatzungsmacht in diesem Haus den mit einem Leseraum und einer Bibliothek ausgestatteten „Club Schwarz-Gelb".

Das im Besitz der Familie Zutt befindliche „Gasthaus zum Fäßgen" lag ursprünglich in der Schloßgasse neben dem Burggrafiat. 1767 wurde die Schildgerechtigkeit auf das Zuttsche Haus in der Antoniterstraße übertragen. Im Jahre 1873 heiratete der Metzger Anton Rothmann die Tochter des damaligen Wirtes Kuhn und wurde so zum Wirt im Gasthaus „Zum goldenen Faß". 1938 übernahm die Tabakwarenfirma Hinkel das Haus.

Im Haus Antoniterstraße 25 (heute Textilhaus A. Wichmann) hatte nach Raphael Neuberger um 1900 Georg Wilhelm Mahrt einen Ellenwarenhandel. Nach Georg Lawall und seinem Schwiegersohn Richard Wagner mit einem Kolonialwarengeschäft mietete die Latscha AG aus Frankfurt die Ladenräume für eine Filiale.

Das Bild aus einer Zeit, als die Schaufenster infolge der Kriegsschäden noch teilweise Notverglasungen hatten, zeigt links Textilwaren A. Wichmann, das Schuhhaus P.W. Lawall, Tabakwaren J. Hinkel, den Bürobedarf K. Winkel, die Lebensmittelfiliale Tengelmann, den Schneider Johann Strubel und die Bäckerei W. Mayer. Rechts ist Manufakturwaren J.F. Maas („Drei-Männer-Maas"), die Drogerie F. Petri und das Musikhaus J. Raab zu sehen. Im Hintergrund befindet sich Gardinen-Koch.

Zwischen Selzgasse und Antoniterstraße verlief die Lohgasse, die ursprünglich Froschgasse hieß. Dicht gedrängt standen die Häuschen in einer Straße, die dem Verlauf der ehemaligen Stadtmauer auf der einen Seite und der Selz auf der anderen Seite folgte. Der Straßenname erinnert an die Lohgerber, die dort ehemals ihr Handwerk ausübten.

Zu den in Alzey zahlreich vertretenen Eisenwarenhandlungen zählte seit 1895 die Firma Karl Prömpeler in der Antoniterstraße 36. Auf dem Foto ist außer dem umfangreichen Warensortiment auch ein Hinweis auf das 30jährige Bestehen des Geschäftes zu sehen.

Als letztes bauliches Zeugnis des bereits in den 1380er Jahren unter Pfalzgraf Ruprecht II. gegründeten Spitals ist alleine dieses im ausgehenden 16. Jahrhundert errichtete und im 18. Jahrhundert veränderte Gebäude übriggeblieben. Aus der Zeit kurz vor 1600 stammen noch der Treppenturm sowie ein Teil der Fenstergewände im Erd- und Obergeschoß. In den Jahren 1747/ 48 erhielt das Gebäude seine noch heute prägenden Charakteristika: die welsche Haube auf dem um ein Stockwerk erhöhten Treppenturm, ein Mansarddach sowie das barocke Portal an der Nordseite mit der Inschrift „nei erbaute 30. Mai 1748". In den 1780er Jahren zum Krankenhaus umgebaut, wurde es als solches bis zum Bezug des neuen Krankenhauses in der „Kreuznacher Chaussee" im Jahre 1898 genutzt. Ab 1899 war das Gebäude an die Firma Simon Sauer Witwe verpachtet, die hier Möble lagerte und ausstellte. Seit 1981 ist hier das Städtische Museum untergebracht.

Zwischen Hospitalgebäude und Ochslergasse, auf dem Platz, unter dem sich heute die Tiefgarage befindet, stand das von der Eisenhandlung Fritz Höcker genutzte Gebäude mit dem Mansarddach. Dahinter befand sich das Haus der früheren Höheren Töchterschule. Es beherbergte später Berufsschule und Feuerwehrheim, 1954 stürzte es wegen Bauschäden im Kellerbereich ein.

Um die letzte Jahrhundertwende gründete Heinrich Storr in der Ochslergasse 10, gegenüber dem Hospital, eine Eisenhandlung, zu deren Warenangebot auch Fahrräder und Nähmaschinen gehörten.

Das Bild zeigt die Antoniterstraße vom Kronenplatz bis zum Bahnhof. Auf der linken Seite folgt der Eisenhandlung Höcker das Gasthaus „Zur Rebe". In dem in die Straße vorgebauten Haus vor dem Aufgang zum Wächterspfad führte Peter Merkelbach eine Bäckerei. Das Eckhaus am Kronenplatz beherbergte 1931 Klara Baums Kurzwarengeschäft. Später folgte dort das Möbelhaus Sauer (heute Optik-Wiels).

In der Antoniterstraße 59, zwischen Wächterspfad und Judengraben, hatte der Händler Theodor Börtzel um 1905 ein Modewarenlager. Nach der Heirat Wilhelm Bambergers mit der Witwe Börtzels wurde der Betrieb als Hutgeschäft weitergeführt.

Wo um 1800 in der Antoniterstraße noch das Pförtnerhäuschen der ehemaligen Kisselpforte stand, wurde später ein Wohnhaus gebaut. In ihm betrieb die Familie Adam Schneider I. zunächst einen Kurzwarenhandel, ehe sie im frühen 20. Jahrhundert das beliebte Hotel und Gasthaus „Bobbeschänkelchen" eröffnete.

Nach dem vermutlich 1689 abgebrannten Pestilenzhaus hieß der heutige Wächterspfad bis in das 19. Jahrhundert „Auf dem Pestilenzbuckel". Im Randbereich der „Vorstadt" gelegen, war er mit der für den Stadtrand typischen Kleinarchitektur bebaut. Zahlreiche der hier befindlichen Häuser wurden im 19. Jahrhundert ausgebaut und durch das Aufsetzen eines Zwerchgiebels, eines quer zum First ausgerichteten Giebelaufbaus im Dachgeschoß, erweitert.

Parallel zur Stadtmauer liegend, bildeten die Häuser in der Ruprechtstraße bis zum Ende des 19. Jahrhunderts den nördlichen Abschluß der städtischen Bebauung. Die Häuser sind in den Berg hineingebaut und weisen zur Südseite hin in der Regel zwei Geschosse auf. Im 19. Jahrhundert wurden sie oftmals ausgebaut und mit einem Zwerchgiebel versehen.

Ein Jahr vor Ausbruch des Ersten Weltkriegs feierte die von Schlossermeister Karl Böhmer gegründete Landmaschinenfabrik ihr 50jähriges Jubiläum. Wie die Vignette des Briefkopfes mit einer Darstellung des in den 1880er Jahren ausgebauten Firmenkomplexes Ecke Antoniterstraße/Weinrufstraße zeigt, hatte die Firma in diesem Zeitraum einen enormen Aufstieg genommen. Mit einer Belegschaft von mehr als 100 Mitarbeitern war das Unternehmen zeitweilig der größte Arbeitgeber Alzeys.

Unterhalb der an der Sickingerstraße errichteten Brauerei führte um die letzte Jahrhundertwende Theodor Kleinknecht jun. in dem stattlichen Eckhaus an der Weinrufstraße das Restaurant „Zur Reichspost". Der Name wies auf das nahegelegene Postamt und die gleichfalls von der Familie geführte „Alte Post" am Roßmarkt hin.

Dieser Blick nach Westen fängt neben der Bahnbrücke am Horizont die Anfang des 20. Jahrhunderts noch jungen Alleebäume ein. Die spätere Bebauung mit repräsentativen Häusern machte die Weinrufstraße zu Alzeys Prachtstraße und dürfte im Dritten Reich den Ausschlag für ihre Umbenennung in Adolf-Hitler-Straße gegeben haben. Rechts im Bild das 1899 errichtete Postamt, das im Oktober 1944 durch Bomben zerstört wurde.

Mehreren Familien Platz boten die an das Gasthaus „Zur Krone" anschließenden, um die letzte Jahrhundertwende errichteten zweigeschossigen Wohnhäuser. Die Kombination von Klinker- und Sandsteinen war zeitgemäß und modern. Die Betonung der Horizontalen mittels Sandsteingesimsen über und zwischen den Fenstern erinnert an Renaissancearchitektur.

Die bauliche Entwicklung im nordwestlichen Stadtgebiet kurz nach 1900: Dominant im Bild steht noch die 1894/95 im Stil der Neorenaissance errichtete und 1977 abgerissene Landwirtschaftliche Winterschule, eine Fachschule für Landwirte. Links neben ihr ist das zweigeschossige Wohnhaus der Holz- und Kohlenhandlung Ginz (heute Weingut Stock) mit Nebengebäuden zu sehen. Rechts auf der gegenüberliegenden Straßenseite überragt das für Jakob Baum gebaute Mehrfamilienhaus die Gebäude der Hinkelgasse. Das Gelände westlich des Damms ist noch unbebaut.

1892 ließ Peter Koehler für seinen Sohn Jakob das zweigeschossige, verklinkerte Wohnhaus mit Eckbalkon bauen. Das bis in die 1960er Jahre bewirtschaftete Weingut wurde 1977 für den Ausbau der Kreuzung an der Kreuznacher Straße abgerissen. Vorne rechts ist ein Teil des Friedensgärtleins mit der damals noch kleinen Friedenseiche zu sehen.

Im Nordwesten der Stadt liegt an der Kreuznacher Chaussee der im Oktober 1898 bezogene Bau des Kreiskrankenhauses. Am 27. Dezember 1944 wurde es durch Bomben so stark zerstört, daß der Krankenhausbetrieb in die Heil- und Pflegeanstalt ausgelagert werden mußte. Auf der Straßenseite gegenüber ließ Simon Hasselbach 1898/99 das großzügige, in der damaligen Villenarchitektur gestaltete Wohnhaus errichten, in dem zeitweise auch die Malerin Margit Manz lebte.

Eine Möglichkeit, sich von den Strapazen einer Reise zu erholen bzw. sich für eine bevorstehende Reise zu rüsten, bot die Einkehr in die Bahnhofsrestauration. Mit Innenaufnahmen, die den Eindruck bürgerlicher Gastlichkeit vermitteln, warb der Wirt Karl Stein für sein Gasthaus.

Im Zusammenhang mit der Eröffnung der Bahnstrecke Alzey – Armsheim zu Beginn des Jahres 1870 wurde der Alzeyer Bahnhof in den Norden der Stadt an den heutigen Bahnberg verlegt. Von der Wormser Straße aus, wo sich der erste Bahnhof befand, mußte zudem die seit 1867 bestehende Strecke Monsheim – Alzey zum Bahnberg hin verlängert werden. Der hierfür erforderliche Brückenbau über die Selz wurde während des Krieges von 1870/71 unter Einsatz französischer Kriegsgefangener realisiert.

Das Hauptgebäude des zweiten Bahnhofs wurde 1871 eingeweiht. An heißen Tagen sorgte eine umfriedete Grünanlage für ein schattiges Plätzchen auf dem großzügigen, gepflasterten Vorplatz. Starke Beschädigungen im Zweiten Weltkrieg machten 1954 den Abriß des alten und den Wiederaufbau des neuen Bahnhofsgebäudes erforderlich.

Gegenüber dem Bahnhof, auf dem Weg in die Stadt, befand sich das 1880 eröffnete Hotel Ess, für das der Besitzer Jakob Ess mit einer Bildpostkarte des Fotoateliers Beckmann warb. Die Innenaufnahme zeigt, daß man hier durchaus auch für größere Familienfeiern gerüstet war. Auch dieses Haus wurde im Zweiten Weltkrieg zerstört.

Neben dem wegen seiner Schiefereindeckung „Blauer Hut" genannten Turm der früheren Vorstadtmauer führt eine Treppe hinunter in die Untere Schanzenstraße, die die Rodensteiner mit der Zehnbrückerstraße verbindet.

Die Zehnbrückerstraße, im 19. Jahrhundert auch Zehntbrückerstraße genannt, führt vom Kronenplatz zur Raugrafenstraße. Hinter den Häusern im östlichen Teil der Straße war früher eine Bleiche. Das große Faß vor dem Haus Nr. 15 weist auf die Küferei von Georg Steiner jun. hin, die dort noch in den 1930er Jahren bestand.

Dicht mit kleinen Wohnhäusern bebaut ist die Straße Blauer Hut, deren Zugang man an der Nordostecke des Kronenplatzes leicht übersieht. Um 1900 wurde die Straße noch Unterer blauer Hut genannt, der Obere blaue Hut war die jetzige Rodensteinerstraße. Die zwei vorderen Häusern links im Bild wurden 1999 abgerissen.

Die Straße Am Wall führte von der Amtgasse hinter der „Kleinen Kirche" zu den Gärten, später erfolgte der Anschluß an die Kanalstraße (heute Ostdeutsche Straße).

Nach dem Wechsel des kurpfälzischen Herrscherhauses vom reformierten zum katholischen Glauben im Jahre 1685 gab es in Alzey drei christliche Kirchengemeinden. Das zweistöckige, mit einem Krüppelwalmdach versehene lutherische Pfarrhaus wurde Anfang der 1720er Jahre auf dem nordwestlichen Fundament eines älteren, wesentlich größeren und vermutlich im Pfälzer Erbfolgekrieg zerstörten Hofkomplexes errichtet. Für den Neubau des evangelischen Kindergartens wurde das Pfarrhaus 1966 abgerissen. Der schlichte, mit einer umlaufenden Empore ausgestattete Saalbau der Kirche aus den Jahren 1728/29 beherbergt heute die letzte von ehemals drei in den Alzeyer Kirchen aufgestellten Stumm-Orgeln aus der Werkstatt der bekannten Hunsrücker Orgelbauerfamilie. Die mit einem Dachreiter auf dem schiefergedeckten Walmdach versehene Kirche hat zwei Portale an der Süd- und Westseite. Letzteres trägt die Inschrift: „Zur Evangelisch-lutherischen Kirche, Ecclesiast. J V 17. Bewahre deinen Fuß wenn du zum Hause Gottes gehst und komme daß du hörest. MDCCXXX".

Die Giebel- und die verdeckte Traufseite bildeten vor dem Ausbau der heutigen Hospitalstraße die repräsentativen Seiten des zur Klosterstaße hin ausgerichteten Barockhauses (heute „Weinzinken"). Auf den beiden Schauseiten wurde das Fachwerk verputzt und zusätzlich „Putzspiegel" unter den mit zeittypischen Ohrengewänden ausgestatteten Fenstern angebracht, wohingegen man sich auf der Hofseite mit Sichtfachwerk begnügte.

Im 18. Jahrhundert befand sich das oben abgebildete Haus im Besitz von Peter Nord, einem Land- bzw. Ackermann, dessen Vorfahren lange Zeit in Alzey die Scharfrichter gestellt hatten. Um 1900 wohnte der Landwirt Max Levi in der Klosterstraße 3. Später hatte dort Max Keller seinen Pferdehandel.

Vor dem Glasermeister Fritz Klippel war in dem Haus Klosterstraße 10 um die letzte Jahrhundertwende die Schreinerei und „Möbelfabrikation" von Peter Kloos.

In dem Eckhaus Antoniterstraße/Klosterstraße 2 wohnte 1875 der Strumpfweber Heinrich Weifenbach. Ihm folgte 1894 der Tüncher Theodor Lohr, dessen Witwe später Wollwaren verkaufte, während der Sohn das Tünchergeschäft fortführte.

Route 5

VOM ROSSMARKT ZUM LEHRERSEMINAR UND ZURÜCK

Roßmarkt – Kirchenplatz – Bleichstraße – Ernst-Ludwig-Straße – Friedrichstraße – Distelhof – Löwengasse – Augustinerstraße – Obermarkt – Fischmarkt – Obermarkt – Roßmarkt

Vom Roßmarkt kommen wir durch das schmale Winkelgäßchen zum Kirchenplatz im Bereich des früheren Kapuzinerklosters. Ein Hausabriß und das Durchbrechen der Stadtmauer ermöglichten im 19. Jahrhundert den Zugang zur Bleichstraße, die von Ost nach West entlang der ehemaligen Stadtmauer verläuft. Die Ernst-Ludwig-Straße erhielt ihre Bedeutung durch den Bau von Schul- und Verwaltungsgebäuden. Am Distelhof und in der unteren Löwengasse gab es lange gut erhaltene alte Bausubstanz. Von der Augustinerstraße öffnet sich der Blick auf den eindrucksvollen, großflächigen Obermarkt, an den sich an der Nordostecke fast übergangslos der Fischmarkt als weiterer zentraler Platz anschließt.

Über 100 Jahre bestimmte das um 1850 für Adam Maier gebaute Möbelhaus mit den schmalen, hohen Schaufenstern das Bild an der Nordseite des Kirchenplatzes, ehe es dem Neubau für das Alzeyer Kaufhaus weichen mußte.

Blick auf den Hauptaltar im Chorraum der katholischen Kirche St. Joseph um die letzte Jahrhundertwende. Die Ausmalung des Apsisgewölbes sowie der Südwände mit figürlichen Darstellungen fehlt zu diesem Zeitpunkt noch.

Auf dem seit den 1830er Jahren so benannten Kirchenplatz stand bis zum Neubau der Kirche St. Joseph (1966) das von Kreisbaumeister Wetter in den Jahren 1836-1840 errichtete Gotteshaus, das den Platz zur Bleichstraße hin abschloß. Der im Gebiet des ehemaligen, zu Beginn des 19. Jahrhunderts säkularisierten Kapuzinerklosters gelegene schlichte Saalbau mit einem Dachreiter hatte einen eingezogenen Chor im Süden und rundbogige Fenster im Kirchenschiff. Die Nordseite schloß mit einem Rundbogenportal ab. Zu diesem führte eine Freitreppe, welche die leicht erhöhte Lage der Kirche unterstrich. Der Kirche vorgelagert war eine umzäunte Grünanlage, in der das 1893 eingeweihte und heute auf dem Städtischen Friedhof befindliche Denkmal mit einer von dem Kreuznacher Künstler Hugo Cauer geschaffenen „Germania" für die Teilnehmer des Krieges von 1870/71 stand. In den beiden Häusern südwestlich der Anlage befanden sich in einem Trakt des ehemaligen Klostergebäudes das katholische Schwestern- und dahinter das katholische Pfarrhaus. Links der Kirche steht das frühere, 1830 von der Kirche veräußerte Haus des reformierten Rektors.

Die 1841 auf Betreiben des damaligen Bürgermeisters Peerrot und des Kreisrats Müller eröffnete Realschule bezog im Frühjahr 1843 ihr neues, zunächst nur zweigeschossiges Gebäude in der Bleichstraße. 1868 mußte es bereits aus Platzmangel um eine weiteres Geschoß aufgestockt werden. Zur Schule gehörte der mit Ahornbäumen bepflanzte Schulhof im Bereich der einstigen Bleiche.

Weil das alte Gebäude der Großherzoglichen Realschule mit Progymnasium für die gestiegenen Schülerzahlen zu klein geworden war, wurde auf der Südseite der Bleichstraße noch vor dem Ersten Weltkrieg dieser mächtige Neubau errichtet. Bis zum 1972 erfolgenden Umzug des Jungengymnasiums in die Frankenstraße gingen hier mehrere Schülergenerationen ein und aus.

Als Wohn- und Bankgebäude für den „Vorschuß-Verein Alzey" wurde 1896 das repräsentative Haus in der Bleichstraße gebaut. Der Natursteinbau mit Zierfachwerk und rotem Sandstein ist ganz im Stile des gründerzeitlichen Historismus gehalten. Später hatte die Pfälzische Bank ihren Sitz in dem Gebäude.

Nachdem die Stadt 1881 das dazu benötigte Gelände in der Verlängerung der Löwengasse erworben hatte, wurde 1893 die nach der Straße benannte Volksschule errichtet. Das über der Stadt aufragende Schulhaus wurde im Dezember 1983 für den Bau der Kreisverwaltung abgerissen und dürfte insbesondere der Nachkriegsgeneration in Erinnerung geblieben sein. Denn hier wurden 1947 Schulspeisungen durchgeführt, bei denen Milch und Schokolade an die Kinder ausgegeben wurden.

Ein schönes Beispiel für die um 1900 am Stadtrand entstandenen Villen mit großzügigen Gartenanlagen ist das für den Lehrer Nikolaus Schuckmann im Jahre 1905 errichtete „Landhaus" in der Wartbergstraße. Nach vorne, zur Straße hin, verputzt und mit einem repräsentativen Knickgiebel ausgestattet, trägt das Haus mit seiner Hausteinfassade und dem Fachwerkgiebel ausgesprochen rustikale Züge.

Nachdem Alzey im Jahre 1835 eine der fünf Kreisstädte der Provinz Rheinhessen geworden war, wurde ein Kreisamt eingerichtet. Dessen erster Bau befand sich in der Bleichstraße. 1894-96 wurde das zweite Kreisamt in der Ernst-Ludwig-Straße errichtet. Seit 1990 beherbergt das Gebäude die Stadtverwaltung.

Als dritte hessische Lehrerbildungsanstalt nach Bensheim und Friedberg wurde für die Provinz Rheinhessen 1879/80 das Lehrerseminar in Alzey errichtet. Zu dem am Rande der Stadt gelegenen Komplex gehörten die drei Gebäude um den Schulhof sowie ein 1893 auf der gegenüberliegenden Straßenseite angelegter Botanischer Garten. Mit dem Ausscheiden der letzten Absolventen endete 1926 die Zeit der Lehrerausbildung in Alzey. Nach der Einrichtung einer Oberrealschule für Jungen zogen 1938 erneut Schüler ein. Seit Ende der 1940er Jahre stand das nunmehrige Aufbaugymnasium auch Schülerinnen offen. Weithin unbekannt dürfte sein, daß hier unter dem Titel „Die Namenlose" die erste Schülerzeitung in Rheinland-Pfalz (1952) erschienen ist.

Die im Vormärz gegründete „Casino-Gesellschaft" ließ in der zweiten Hälfte des 19. Jahrhunderts dieses Gebäude in der Friedrichstraße errichten. Davon leitet sich die noch heute gängige Bezeichnung der Friedrichstraße als „Casinoberg" ab. Seit Anfang des 20. Jahrhunderts stand das nunmehrige „Parkrestaurant zur Erholung" weiteren Kreisen der Bevölkerung offen. Ab 1954 wurde das Gebäude von Karl Heinz Kipp für den Textilgroßhandel Alfred Massa genutzt.

Von der Friedrichstraße geht der Blick auf die inzwischen abgerissenen Häuser an der Ecke zur Spießgasse und auf das ehemalige Hotel und Gasthaus „Zum Blumenthal". Dem Wirt Heinrich Abel folgte in den 1930er Jahren die Familie Adam Glöckner.

Dieser, an der barocken Schloßbaukunst orientierte Neubau in der Bleichstraße beherbergte ab 1928 fünf Abteilungen des Kreisamtes: das Kreisgesundheitsamt, das Kreisveterinäramt, die Zweigstelle des Hochbauamts Worms, das Kreisvermessungsamt sowie die Bezirksfürsorge. Heute sind hier nur noch das Gesundheitsamt und das Katasteramt untergebracht.

Den Distelhof, der zur Verbreiterung der Löwengasse abgerissen wurde, hebt Carl Wimmer in seinem auf den Stand von 1838 gebrachten Stadtplan als „dem v. Sickingen Haus" von den übrigen rechts sich anschließenden Gebäuden an der Stadtmauer ab, obwohl sie alle ursprünglich zu dem nach der Familie von Sickingen als Lehensträger benannten pfälzischen Hofgut gehörten. Während in der verputzten Giebelseite nur noch drei kleine Fenster im Dachgeschoß freiliegen, weisen die Fenstergewände der Westseite noch auf die Nutzung des Gebäudes als Wohnhaus hin. Nach seinen späteren Inhabern wurde das Hofgut auch als „Horneckischer Hof" bezeichnet.

Um 1908 wurde für den Zahntechniker Johann Schlosser an der Ecke Löwengasse/ Augustinerstraße, neben der Synagoge, ein Haus mit zahlreichen Elementen des Jugendstils gebaut, die die Zeitläufe nahezu unverändert überdauert haben.

Eine heute nur noch selten in der Stadt anzutreffende, in den 1920er Jahren allerdings weiter verbreitete Modeerscheinung stellte die Verblendung eines Fachwerkgiebels mit Schiefer dar. In dem unterkellerten Haus mit vorkragendem Obergeschoß war im 18. Jahrhundert die katholische Schule untergebracht. Im ehemals eigenständigen Rückgebäude einer Schmiede übte noch Anfang des 20. Jahrhunderts Philipp Greth sein Handwerk aus.

Das im klassizistischen Stil um 1800 erbaute Haus Löwengasse 4 gehörte zunächst dem wohlhabenden Gastwirt Carl Lang. 1846 eröffneten die Schwestern Josephine, Wilhelmine und Sarah Schwarz das „Schwarz'sche Institut", eine „Bildungsanstalt für Töchter" und damit eine Vorläuferin der „Höheren Töchterschule".

Das Haus Augustinerstraße 2 ging um 1800 als „Nationalgebäude" aus dem Besitz der Familie des Landschreibers Schlemmer in Staatseigentum über und wurde seinerzeit u.a. von dem Steuereinnehmer Joseph Nachbauer, dem Sekretär Simon Noiré und dem Chirurg Jakob Stierle bewohnt. Später gehörte das Gebäude dem Gerber Friedrich Herelle, Ende des 19. Jahrhunderts kaufte es der Weinhändler Heinrich Fuchs.

Eine der wenigen Aufnahmen, die von der jüdischen Synagoge in der Augustinerstraße existieren, zeigt das Gotteshaus nach seiner Zerstörung in der Reichspogromnacht vom 9. auf den 10. November 1938. Das mit 220 Sitzplätzen ausgestattete Gebäude war nach den Plänen des Alzeyer Kreisbaumeisters Ludwig Rhumbler in einer Mischung aus romanischen und maurischen Stilelementen errichtet und am 20. Oktober 1854 von Dr. Samuel Adler, später Rabbiner der größten Reformsynagoge New Yorks, eingeweiht worden.

Zur 60jährigen Jubiläumsfeier des Männergesangvereins „Sängerbund" erschien im Jahre 1912 diese Postkarte vom Obermarkt. Sie zeigt die einstige Schönheit des stadtbildprägenden Platzes mit doppelter Baumreihe und abwechslungsreicher Hausarchitektur.

Die Nikolaikirche mit der Innenraumgestaltung der 1840er Jahre. Der Blick geht vom Chor zu Westseite.

Die Nikolaikirche mit der Innenraumgestaltung der 1840er Jahre: Blick vom Langhaus in den Chor.

Topographisch leicht erhöht, abseits des eigentlichen Stadtzentrums gelegen, prägt der imposante spätgotische Bau der Nikolaikirche bis heute das Bild der Stadt. Hervorgegangen aus der romanischen Nikolauskapelle des pfalzgräflichen Hofes, wurde die Kirche im 15. Jahrhundert in mehreren Bauphasen errichtet. Stilgeschichtlich wird die Nikolaikirche, insbesondere der Chor, der Frankfurter Bauschule Madern Gertheners zugerechnet. Ob und inwieweit die bekannte Steinmetz- und Baumeisterfamilie der „Eseler von Alzey" am Bau der Kirche mitwirkte, ist umstritten. Ihr heutiges Aussehen erhielt die Kirche durch den neuen Turmhelm sowie durch umfangreiche Erneuerungs- und Umbaumaßnahmen insbesondere in den 1930er Jahren.

Die Nordseite des Obermarkts schmückten zwölf Handwerkerhäuser in malerischer Reihenfolge. Das abgebildete Eckhaus wurde 1961 zusammen mit dem dahinterliegenden Haus Heimerle abgerissen, um die Zufahrt zum Obermarkt zu verbreitern.

Das Haus Obermarkt 5 ging 1871 von Johann Schafhaus in den Besitz von Georg Brückmann über, der eine Eisenwarenhandlung eröffnete. Sein Sohn Ludwig und später dessen Ehefrau führten das Geschäft bis 1961 fort. Vorder- und Hinterhaus sind noch durch einen aus der Renaissancezeit stammenden Wendeltreppenturm verbunden.

Die Häuser Obermarkt 9 und 10 bilden ein architektonisch interessantes Ensemble an der Nordostecke des Platzes. Zum Haus Nr. 9, dessen vorkragende Obergeschosse auf zwei Gußeisensäulen ruhen, gehört ein durch den schmalen Gang links vom Haus zu erreichender Wendeltreppenturm. Das ebenfalls giebelständige Haus Nr. 10 besticht durch sein malerisches Zierfachwerk. Im Haus Nr. 9 befand sich 1583 die Apotheke am Obermarkt, die 1757 in die St. Georgenstraße 1 verlegt wurde. Nach der Gastwirtschaft „Zum Rheingold" finden wir in dem Haus die Glaserei Messinger. Bevor Lenchen Zepp 1918 ein Damenhutgeschäft eröffnete, betrieb Peter Eller im Nachbarhaus ein Porzellanwarengeschäft.

Vom Turm der Nikolaikirche geht der Blick über die Dächer der am Obermarkt gelegenen Häuser und auf das Jahrmarkttreiben mit „Reitschule" und Schiffschaukel.

Bis zu seinem Abriß im Jahre 1955 dominierte das 1713 errichtete, fast quadratische Haus Wolf mit seiner fünfbogigen Vorhalle, dem verschieferten Obergeschoß, seinen Barockfenstern und seinem mächtigen Vollwalmdach die Westseite des Obermarktes. In dem nach seinem letzten Besitzer benannten Gebäude wurde 1877 Marie Kaufmann-Wolf geboren, später eine erfolgreiche Hautärztin an der Dermatologischen Klinik Berlin.

Über 400 Jahre hatten die Alzeyer ihr Rathaus am Fischmarkt. Der den Fischmarkt prägende Renaissancebau mit spätmittelalterlichen Elementen wurde aus den Steinen des 1551 aufgehobenen Klosters Weidas unter Mitarbeit von „welschen", d.h. italienischen Maurern errichtet. Gut eineinhalb Jahre nach der Grundsteinlegung (12. März 1586) konnten die Ratsverwandten am 16. November 1587 ihre erste Ratssitzung abhalten. Als eines der wenigen in Alzey noch erhaltenen Gebäude des ausgehenden 16. Jahrhunderts weist es die für diese Zeit typische Kombination von gotischen und renaissancezeitlichen Stilelementen auf. So kontrastieren z.B. der spätgotische, stabgeschmückte Eingang zum Treppenturm mit der horizontalen Gesamtanlage des Gebäudes, die durch die über die Fassade laufenden Sandsteingesimse unterstrichen wird.

Das Haus Fischmarkt 2, neben dem das im Mittelalter „uff der Staffeln" genannte Gäßchen zum Obermarkt führt, gehörte 1801 dem Metzger Kaspar Senft. Um 1900 wohnte dort die Putzmacherin Katharina Höcker. Danach hatte Georg Dörrhöfer einige Jahre seinen Friseursalon in dem Haus, das heute zum Elektrogeschäft Olf-Jung gehört.

Neujahrsgrüße aus dem „Restaurant zum deutschen Haus", um 1905. Damals war Hermann Bracht dort Pächter.

Zehn Jahre nach dem verheerenden Stadtbrand von 1689 wurde das „Deutsche Haus" wiederaufgebaut. Zu dieser Zeit war das „Bornhaus", wie es damals genannt wurde, Sitz der Löwen-Apotheke, die 1711 in das Haus Wolf am Obermarkt verlegt wurde.

Das schon im 15. Jahrhundert erwähnte „hus zum Karpfen" auf dem Fischmarkt hat eine wechselvolle Geschichte. Im 18. und zu Beginn des 19. Jahrhunderts war es das Schildwirtshaus „Zum Karpfen", später diente es den verschiedensten Branchen als Geschäftsgebäude: 1885 Manufakturwaren Ferdinand Siegel, 1931 Friseurgeschäft J. Gerber, im ersten Stock Café Schloß, 1938 Schreibwarengeschäft W. Stöckel.

An den um 1900 noch verputzten Obergeschossen wurde bei einer späteren Renovierung das Fachwerk wieder freigelegt.

Ein abschließender Blick vom Norden auf die Stadt fängt den Bereich zwischen dem Schloß und den Gebäuden der ehemaligen lutherischen Gemeinde, der „Kleinen Kirche" und dem Pfarrhaus, zu Beginn des 20. Jahrhunderts ein.

Immer wieder kommt es vor, daß eine Zuordnung alter Fotografien nicht mehr möglich ist. Bei diesen beiden Abbildungen erging es uns leider so. Wer kann uns helfen?

ERLÄUTERUNGEN ZUM ALZEYER STADTPLAN

Die Wiedergabe des 1894 von dem Realschullehrer Friedrich Heusel für die Heimatkunde bearbeiteten Stadtplans von Alzey ermöglicht es, die in den Fotos und Texten gezeigten und beschriebenen Streifzüge durch die Stadt topographisch nachzuvollziehen. Soweit die heutigen Straßennamen von den damaligen abweichen, wurde darauf bei der Abfassung der Bildlegenden hingewiesen.

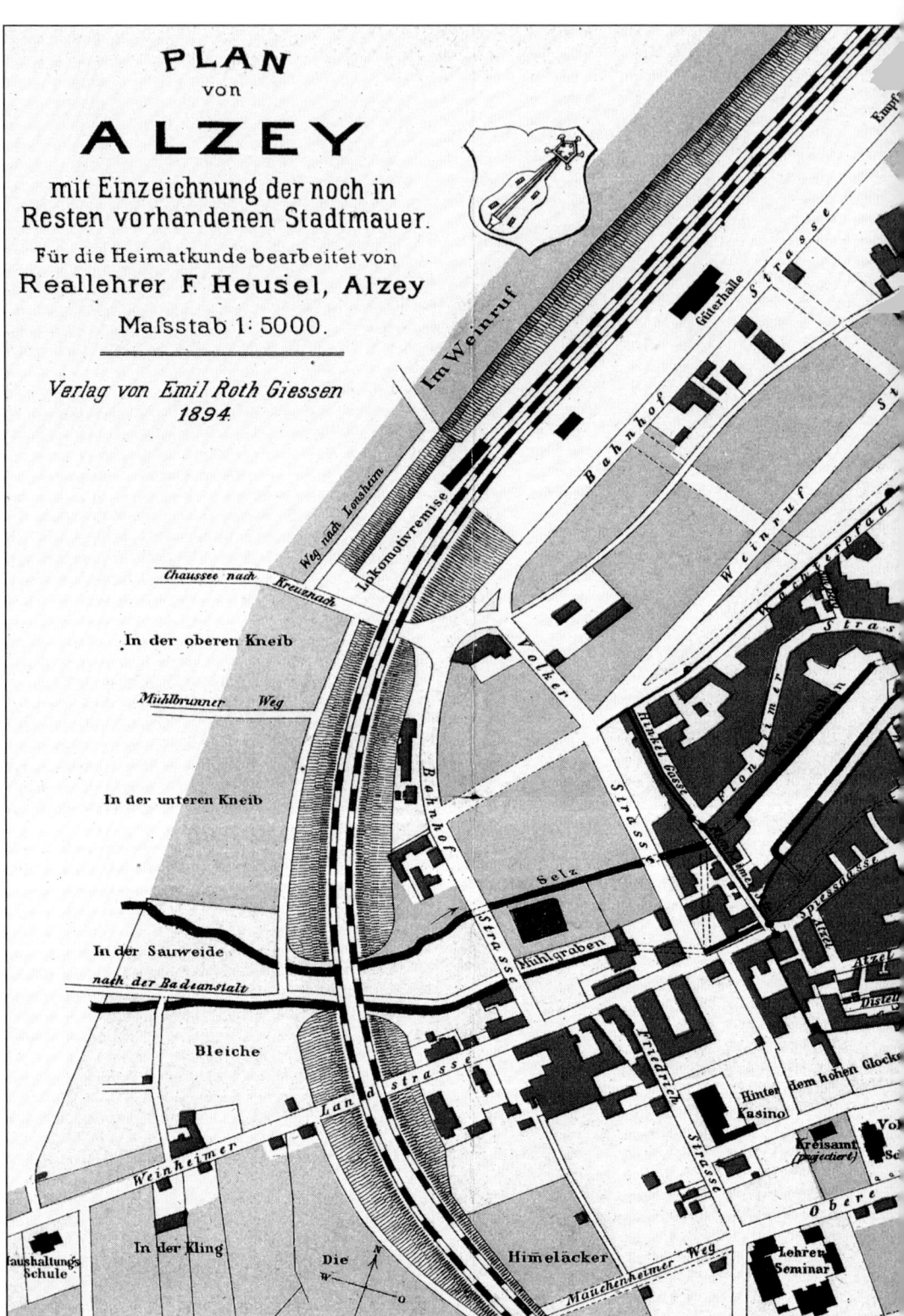

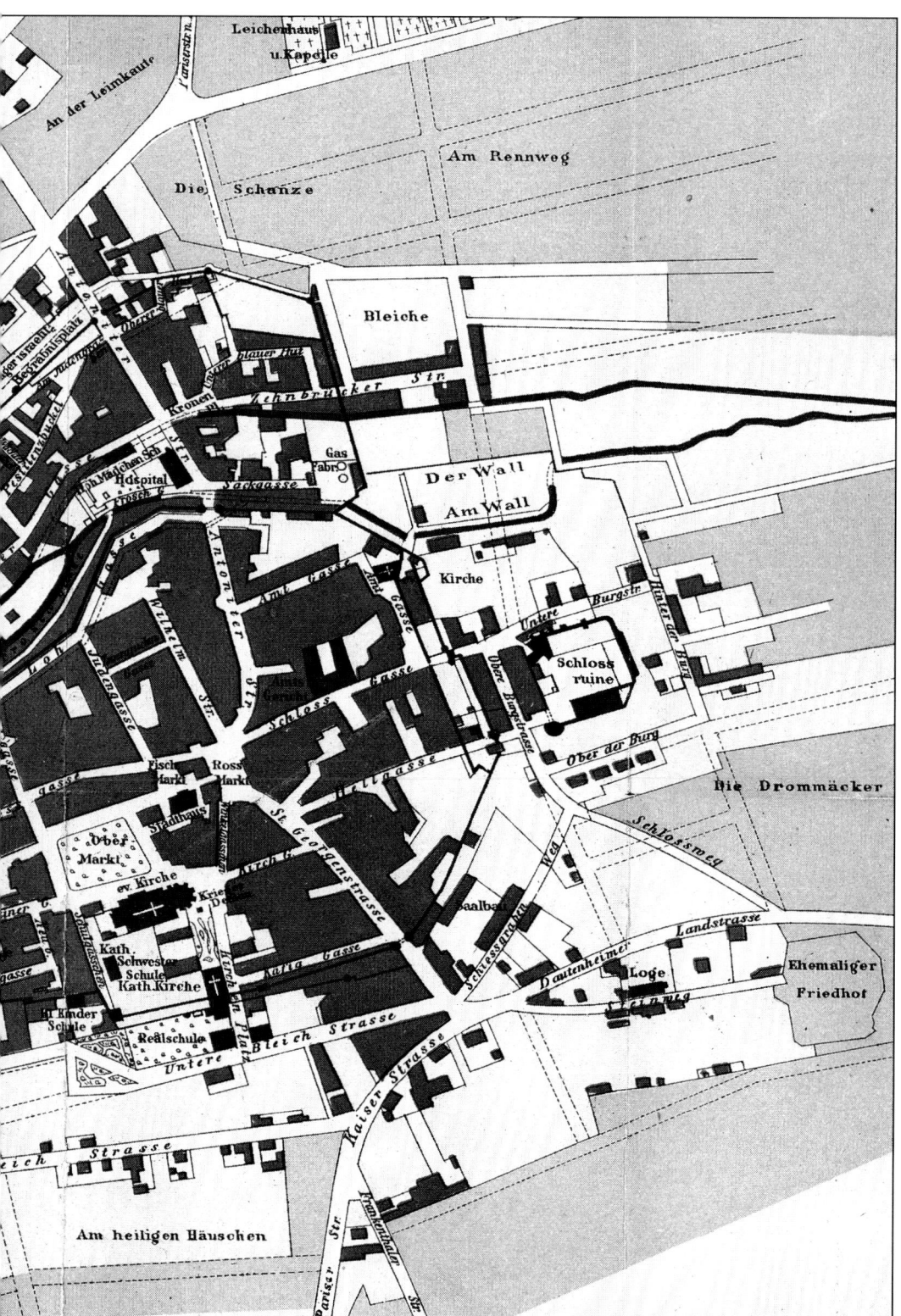

LEIHGEBER

Allgemeine Zeitung, Alzey
Katharina Bamberger, Wörrstadt
Wolfgang Dörrhöfer, Alzey
Anneliese Dressler, Alzey
Hansjörg Fritz, Alzey
Helmuth Fritz, Alzey
Ludwig Fritz, Alzey
Eheleute Hans Harth, Alzey
Fritz Hess, Alzey
Gisela Kaeser, Weinheim/Bergstr.
Hans Kunz, Alzey
Kreisbildstelle Alzey
Adolf Mandel, Alzey
Karl Maino, Alzey
Privatarchiv Familie Lessel, Alzey
Marianne Meyer-Schwarzenberger, Alzey
Firma Sauer, Alzey
Hermann Schollenberger, Albig
Helga Schumacher, Alzey
Johann Simon, Wörrstadt
Stadt- und Museumsarchiv Alzey
Walter Steinmetz, Albig
Dr. Gerhard Weiss, Kaiserslautern
Eheleute Uwe Wessel, Frankfurt a.M.
Maria Winckler, Alzey
Jakob Worster, Alzey
Karl Zollitsch (Seiten 19, 28 unten, 40 oben und 118 unten)

Die Heimat entdecken!

Von Kiel bis Wien,
von Aachen bis Görlitz:
Entdecken Sie Alltagsgeschichten
aus Ihrer Heimatstadt!

Leben in der Großstadt …

Tauchen Sie ein in das quirlige Großstadtleben vergangener Tage. Spazieren Sie über breite Boulevards und stürzen Sie sich ins Nachtleben. Erkunden Sie ihre Stadt durch die Fensterscheiben einer Straßenbahn oder des ersten Käfers und bewundern Sie prächtig geschmückte Schaufenster.

... und ländliche Idylle

Wie sah das Leben in Ihrer Heimat aus, als die Bauern noch mit Pferden pflügten und jedes Dorf seinen eigenen Schmied hatte, jeder noch jeden kannte und das Leben sich zwischen Kirche, Wirtshaus und Wohnküche abspielte?

www.suttonverlag.de

Erinnerungen an die Schulzeit ...

Erinnern Sie sich noch an die Zeiten von Abakus und Schiefertafel, an Klassenausflüge oder den ersten Taschenrechner? Blicken Sie zurück auf große Klassen und gestrenge Schulmeister, entdecken Sie auf Klassenfotos Freunde und Bekannte von früher!

... und das Arbeitsleben

Entdecken Sie, wie sich das Arbeitsleben in den letzten hundert Jahren verändert hat. Werfen Sie einen Blick in Fabrikhallen, blicken Sie Handwerksmeistern bei ihrer Arbeit über die Schulter und erinnern Sie sich an den Einkauf im Tante-Emma-Laden.

www.suttonverlag.de

Gesellige Stunden im Verein …

Fußballclub und Schützenverein, Musikkapelle und Gesellenverein: Schauen Sie zurück auf Volksfeste und Turniere, Chorproben oder Prunksitzungen. Erinnern Sie sich an schöne Stunden und das gesellschaftliche Leben in Ihrer Heimat.

... und im Familienkreis

Werfen Sie einen Blick in die Wohnzimmer vergangener Tage und entdecken Sie, wie sich zwischen schweren Eichenmöbeln, Nierentischen und Ikea-Regalen der Alltag verändert hat. Erleben Sie Familienfeiern und Weihnachtsfeste im Wandel der Jahrzehnte mit.

www.suttonverlag.de

Alltagsgeschichte in historischen Fotos
zu über 1000 Regionen, Städten
und Gemeinden

Bestellen Sie jetzt
Ihr persönliches Exemplar auf
www.suttonverlag.de